Q&Aで学ぶ

で学ぶ

憲法入門

～初学者のための憲法講座～

大塚正之

発行 恒春閣

はじめに

　本書は、芦部信喜『憲法 [第 8 版]』を参照しながら、日本国憲法の全条文について、できるだけ分かりやすく説明をした初学者のための憲法入門書です。芦部先生は、憲法学の第一人者として活躍した東京大学名誉教授であり、没後20年以上が経過します。しかし、今なお、憲法学の教科書としての基本は維持されたまま、版を改めて出版され、司法試験の教科書としても使用され続け、2023年 9 月には「第 8 版」が出版されています。

　私は、大学卒業後、裁判官として30年間勤め、その後、早稲田大学法科大学院の教授として 5 年間勤務しました。現在は、同大学が別に法人として設立した早稲田大学リーガル・クリニックという法律事務所に勤務し、弁護士の仕事をしながら、筑波大学の法科大学院で民法（家族法）の講座を担当しています。

　この間、早稲田大学、東京大学の法科大学院で裁判官倫理の講義をしてきましたが、その講義の中で「裁判官は意見を述べないといけない」「自分の意見をしっかり述べることができない者は裁判官になる資格はない」という話をしました。すると、あるとき、 1 人の学生が、「上の者に逆らってよいのか、そんな話は初めて聞いた」という感想を述べました。合議体による訴訟は 3 人の裁判官で構成します。それぞれの世代によって法に対する意識も変わります。それぞれの世代の意識をしっかりと出し合い、議論を闘わせないと時代にあったよい判決は書けません。上の言うことに従えばよいということでは、まともな判決は生まれません。そのことを契機として、特に今の若い人々をはじめとして、多くの人々に憲法の基本的な考え方をぜひ学び取ってほしいと思うようになりました。

　本書は、必ずしも易しい本ではありません。前記芦部先生の教科書を承継した内容を含んでおり、司法試験の勉強にもなるように書かれています。

しかし、若い読者にも分かるように、皆さんが知りたいと思う内容を説明し、正確な憲法の基本を伝えたいという思いで書いたものです。

本書は、Q&A形式で書かれています。自分が疑問に思った頁を開いて読むことで、理解ができるようになっていますから、知りたいと思った頁を開いて読むという利用の仕方もできる内容になっています。

日本国憲法は、日本という国の法制度の最も基盤となる基本法であり、全ての法令は、この憲法の規範に由来します。ぜひ手に取って読んで下さい。より深く、より正確に、憲法とは何か、そして人権とは何かを学ぶ機会になればと思います。

本書は、「第1部　総論」、「第2部　基本的人権」、「第3部　統治機構」の順番に説明をしています。第1部は、日本国憲法の基本的な考え方に触れています。そして、憲法の2つの大きな柱が基本的人権の尊重と統治機構（国会・内閣・裁判所・地方自治）ということになりますので、それぞれ憲法の規定を参照しながら、説明をしています。また、最後に資料として日本国憲法全文を参考のために添付しています。説明を読む際には、適宜、資料の日本国憲法の記載も参考にしながら、お読みいただければと思います。

2023年10月

大塚　正之

●● 目 次 ●●

第1部
総　論

第1章　憲法と立憲主義

Q001　法とは何ですか

Q　そもそも「法」というのは何のためにあるのでしょうか？

A　「法」は、私たちを縛るためにではなく、私たちを守るためにあります。「法」と言うと、自分たちが守らないといけないこと、私たちを縛る窮屈なものというイメージがありますが、実際はそうではないのです。

Q　「法」というと、「説法」とか「法則」とかいう場合にも使いますよね。

A　そうですね。昔から仏教では、「法」を説くことを説法と言い、宗教的な教えも「法」と呼んでいます。サンスクリット語（古代インドの言葉）のダルマ（dharma）のことを中国や日本では「法」と訳していました。語源的には「保つ」「保たれる」という両方の意味があったと言われますが、保つために法があり、それに従っていれば保たれる、うまくいくということなのでしょう。他方、英語のlawも「法」という意味がありますが、語源を辿れば、横たわるものとして、従うべき法則の意味も含まれているようです。

Q　法学でいう「法」には何か特別な意味があるのですか。

A　法学では、「法」とは、国家が定めた強制力のある決まりであるという点で、倫理（社会生活を送る上での一般的な決まりごと）やその他の社会的な規範（特定の集団や文化、社会の中に存在する暗黙のルール）とは異なります。国家間の取り決めである条約、政府の発する政令や地方自治体の議会が決めた条例も「法」と呼ぶことがあり、それらも含めて広く法的な規範であると考えられています。

Q　そのような法がどうして私たちを守ってくれるのですか。

A　法は、すべての人に適用されるからです。すべての人に適用されることによって、その人を守ることができるのです。法は、どんなに偉い人でも、それに従うことが求められます。それを「法の支配」「法治主義」と呼んでいます。

　例えば、「人を殴ってはいけない」という法は、すべての人が守らなければなりません。総理大臣でも、学校の先生でも、親でも、友達でも、必ず守らなければならず、刑法では、違反すれば、2年以下の懲役若しくは30万円以下の罰金又は拘留若しくは科料に処するとされています（刑法208条）。すなわち、殴るという行為は、それが誰であっても、「2年以下の懲役に当たる」ことになります。この誰からも暴力を振るわれる心配がないという状態を作っているのが「法」ということです。つまり、法はあなたを守るためにあることになります。倫理や社会規範と法との違いはそこにあります。このように、法は身を守るための武器になるのです。この武器を、他人を攻撃するためではなく、自分自身を守るために、これから身に付けていきましょう。

Q002　憲法とは何ですか

Q　国の基本法は「憲法」だと言われていますが、そもそも「憲法」って何ですか。

A　憲法とは、国の法体系の中で、最も根底にある基本的な法です。この「憲法」で認められている権利（「人権」と呼んでいます）は、国会の多数決で決めた法律によっても、決して奪うことのできないものです。また、憲法は、国の基本的な仕組み（「統治機構」と呼んでいます）も定めています。三権分立など、この国の基本的な仕組みも、国会の多数で議決をして変更することはできません。皆さんがこの国で安心して生きていくこと

ができるように、憲法は「人権」と「統治機構」を定めているのです。

Ⓠ　**そもそも憲法は、どのようにしてできたのですか。**

Ⓐ　憲法の起源は、1215年の英国のマグナ・カルタ（自由の大憲章）に遡る
　とされています。マグナ・カルタは、当時、英国を統治していたジョン王
　の権利を制限し、貴族たちの権利を確認するために制定されたものです。
　国王の徴税権の制限、教会の自由、都市の自由、不当な逮捕の禁止などの
　ような、現在の人権の基となった内容や、必要な場合には議会を招集する
　ことなどが規定されていました。今でも、その一部は有効なものとして英
　国に残っています。

Ⓠ　**王様の権力を制限するためにできたのが「憲法」の始まりなのですね。**
　その後はどうなったのでしょうか。

Ⓐ　その後も、西欧では、王や領主の権力を制限するためのルールを定める
　ようになりました。英国では、1688年の名誉革命（英国の議会が国王ジェ
　ームズ２世を追放し、その娘メアリーと夫のオレンジ公ウイリアムをオラ
　ンダから招き、新しい国王として迎え、政治体制を刷新した事件。流血な
　く終わったので名誉革命と呼ばれています。）の翌年に権利の章典が作ら
　れ、国王が法律を作ったり、課税したりするときには、議会の同意がなけ
　ればならないなどのことが定められました。
　　フランスでは、封建領主と国王が支配するアンシャンレジーム（旧体
　制）に対し、市民が1789年に革命を起こし、人間と市民の権利の宣言（フ
　ランスの人権宣言：フランス国民議会で制定された宣言。前文と17条から
　成り、国民の自由と平等、圧制への抵抗権、国民主権、法の支配、権力分
　立、私有財産の不可侵などを規定しています。）を採択しました。

Ⓠ　**「マグナ・カルタ」や「人間と市民の権利の宣言」が憲法的な基盤にな**
　ったのですね。そのような動きは、ヨーロッパだけですか。

Ⓐ　いいえ、米国でも、英国からの独立戦争を経て、1776年、大陸会議で独
　立宣言を採択しました。この宣言では、言論の自由、信教の自由、裁判の

公開などのほかに、民兵団は自由な国家の安全にとって必要であるとして、圧政に対する革命権を認めたため、武器を保持して武装する権利なども含まれていました。

このように、17～18世紀にかけて、国家からの束縛に対する国民の保護という考え方に基づいて、国家の基本法となる憲法が生まれてきたのです。

Ⓠ **米国で『武器を保持して武装する権利』（銃を持つ権利）があるというのは、独立宣言の頃からある考え方なのですか。**

Ⓐ 建国当時から米国の治安は悪く、自分の安全は自分で守る必要があったのです。身を守るために武器を所持することが基本的な人権だと考えられてきた歴史があり、米国では、そう簡単に銃規制ができないようですね。日本では、その200年ほど前に豊臣秀吉らが刀狩りをして農民が武器を持つことを禁じました。各国の歴史の違いがあることで、憲法の規定にも違いがあるということです。

第2章　日本憲法史

Q003　日本の憲法はどのようにしてできたのですか

Ⓠ **日本では、いつ、どのようにして憲法ができたのですか。**

Ⓐ 日本では、明治政府ができて大日本帝国憲法ができたのが憲法の始まりです。日本では欧米のような市民革命は起きませんでしたが、ペリーが黒船でやって来るなどして、欧米から開国を迫られたことから日本の近代化が始まりました。その後、江戸幕府と近代化を進めようとする薩長両藩などの改革派の勢力の間で、政治の主導権をめぐるせめぎ合いが続く中で、幕府が持っていた政権を朝廷に返還する「大政奉還」を行いました。

　幕府に代わる権力として、明治政府が組織され、その後、紆余曲折を経て、1889年に、天皇を主権者とする大日本帝国憲法（明治憲法）が制定されたのです。この明治憲法は、天皇が定めて国民に与える欽定憲法でした。

Ｑ　**明治憲法は、どうして欽定憲法というのでしょうか。**

Ａ　欽定憲法というのは、国王（君主）が定めた憲法という意味です。明治憲法は、君主権が強かった当時のプロシャ王国の憲法等を参考にして作られたと言われています。明治憲法では、主権は国王（天皇）にあり、主権者である天皇が国民に対して憲法を授けるという形をとっていました。そのため、欽定憲法と呼ばれています。

　当時は、まだ日本国民の権利者意識が乏しかったこともあって、そのまま主権者を天皇とする明治憲法が制定されたのです。

Ｑ　**明治憲法は、どのような憲法だったのですか。**

Ａ　明治憲法は、欽定憲法と呼ばれるように主権が天皇にあるとする憲法です。天皇は、世襲、不可侵で、大臣の任免権、軍隊指揮権を持ち、他方で議会があり、法律の制限の下で基本的人権の一部を認めるなど、参考としたプロシャ王国の憲法との共通点もみられます。

　明治憲法では、主権が天皇にあることを「大日本帝国ハ万世一系ノ天皇之ヲ統治ス」（1条）、「皇位ハ皇室典範ノ定ムル所ニ依リ皇男子孫之ヲ承継ス」（2条）、「天皇ハ神聖ニシテ侵スヘカラス」（3条）で明記しています。そのほか、行政権（4条）、立法権（5条）、軍隊統帥権（11条）はすべて天皇に帰属すると書かれていました。

Ｑ　**国民の基本的人権は明治憲法でも認められていたのですか。**

Ａ　先に述べましたが、明治憲法下では天皇主権でしたので、国民ではなく、臣民（subject：君主制の下で支配を受ける国民のこと）と呼ばれていました。そのため、基本的人権という考え方はありましたが、法律の範囲内という制限があり、「臣民ノ権利」と表現されていました。

Ｑ　**どのような権利が認められていたのですか？**

Ⓐ 居住移転の自由や、裁判を受ける権利など臣民としての権利のいくつか
は認められました。いずれにしても、臣民の権利は、時の政府が法律で制
限できたのです。

Ⓠ **議会もあったということですが、今の議会とは違うのですか。**

Ⓐ 明治憲法下でも、現在と同様に二院制であり、貴族院と衆議院とがあり
ました。貴族院の議員は選挙ではなく、貴族院令に定める皇族・華族及び
勅任議員で組織され、衆議院は選挙により選ばれた議員で構成されました。

Ⓠ **臣民に衆議院議員の選挙権はあったのですか？**

Ⓐ 当初は、高額納税者にしか選挙権はありませんでした。しかし、普通選
挙の実現を求める普通選挙運動が起こり、1925年になって、納税額に関係
なく25歳以上の男子に選挙権が与えられ、いわゆる「普通選挙」が実施さ
れたのです。しかし、選挙権があったのは男性だけで、女性には選挙権は
ありませんでした。その一方で同時に治安維持法という法律が制定され、
自由な政治活動が制限されることになったのです。

Ⓠ **日本国憲法は、どのようにしてできたのですか。**

Ⓐ 日本は第二次世界大戦に敗北し、1945年8月15日にポツダム宣言を受諾
して、連合国軍（実質的には米国単独で組織されたGHQ）の支配下に入
りました。GHQというのは、連合国軍最高司令官総司令部のことで、日
本は戦後しばらくの間、その統治下にありました。その統治下で憲法の制
定が検討され、国民を主権者とする憲法草案がGHQから提示され、これ
に日本側の修正が加えられて、1946年11月3日、現在の日本国憲法が公布
され、翌年5月3日に施行されました。

Q004　「法」と「学校の規則」はどこが違うのですか

Ⓠ **法と学校の規則など一般的な社会規範とはどこが違うのでしょうか。**

Ⓐ　法も、学校の規則も、広い意味では、社会規範の一つです。社会規範というのは、社会に生きる人々が秩序正しく行動するための約束事です。その中には、倫理、道徳、慣習のようなものもあり、それぞれの地域社会や個々の施設には、それぞれそこで守るべきルールが作られています。学校の規則もその一つですが、法は先に述べたとおり、強制的な力を持っている点が他の社会規範とは異なります。

Ⓠ　**学校の規則と法は、具体的にどのように違うのですか。**

Ⓐ　学校も一つの社会であり、施設ですから、そこには学校のルールというものがあります。しかし、それは法ではありません。法というのは、国家が強制力を持って定めたものであり、それに従わないと違法だということを最初に述べましたね。しかし、学校の規則は、学校を維持するために必要なことを定めたもので、これに従わなくても当然違法だということにはなりません。

　　なお、民主主義の国では、法は国民又は国民の代表者である議会で定めたものでなければ、国民はこれに従う義務はありません。

Ⓠ　**民主主義の理念からすると、学校の規則は、生徒又は生徒の代表者が定めたものではないから従わなくてもいいということになりませんか。**

Ⓐ　そうですね。生徒は学校の先生にルールを作ることを委ねていませんから、民主主義の理念からすると、先生の作ったルールに従う義務はないはずですよね。でも、学校という施設の中で生徒が生活する上で、みんなが勝手に行動をしていたら学校の持つ教育という目的に支障が出てきます。そうすると、学校の秩序を維持し、教育目的を達成するために必要な範囲でルールを作る必要があります。したがって、学校の規則も、その内容が合理的なものであれば、これに従う必要があるわけです。ただし、学校は教育の場ですから、その内容は教育的にみて合理的なもので、確かにその規則が必要だと多くの人々が納得のできるものにする必要があります。

Ⓠ　**でも、国民（市民）は王の作った決まりには従わないのと同じように、**

生徒は先生の作った学校の規則には従わず、自分たちで規則を作ればよいのではありませんか。

Ⓐ　本来、そうでしょうね。民主主義を理解させるため、生徒自身に自分たちのルールを作らせる国もあります。そうすれば、自分たちで作ったルールだから従う義務がある、問題が生じたら、それは自分たちの責任だという自覚が生まれます。

Ⓠ　**それでも学校の先生の作った規則に従わないといけないのですか。**

Ⓐ　これはなかなかに難しい問題です。学校の生徒は毎年変わりますから、その都度、すべての学校のルールを入ってきた生徒に作らせる訳にはいきません。ただし、誰が作ったとしても、その内容が合理的なものである必要があります。少数者を差別するような規則、きちんとその合理的な理由を説明できないような規則は問題があります。生徒からなぜその規則があるのか説明を求められたら、先生は、その理由を説明できなければなりません。合理的な説明ができないようなルールを作ってはいけないし、それには従う義務はないと考える必要があるのです。

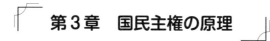

第3章　国民主権の原理

Q005　主権とは何ですか

Ⓠ　**「主権が国民に存する」というのは、どのような意味でしょうか。**

Ⓐ　これは、国の決まりを決める権利を持っているのは国民だということです。日本国憲法の前文の最初、第1段落の1文目に「日本国民は、正当に選挙された国会における代表者を通じて行動し、われらとわれらの子孫のために、諸国民との協和による成果と、わが国全土にわたつて自由のもた

らす恵沢を確保し、政府の行為によつて再び戦争の惨禍が起ることのない
やうにすることを決意し、ここに主権が国民に存することを宣言し、この
憲法を確定する。」と書いてあります。

　ここで、「恵沢」というのは、恩恵（自由のもたらす恵み）を受けるこ
とを意味しています。「自由」というものがもたらす恩恵をしっかりと確
保してということです。

Ⓠ　「主権が国民に存する」ということは、国民が直接的に法を作るということですか。

Ⓐ　本来なら、国民が直接的に法を作るのが望ましいことですが、日本のように国民が多数いる場合、実際にはなかなか難しいですよね。国民全員が参加して国の決まりを決めるやり方を直接民主主義、代表者を選挙で選び、選ばれた代表者が国の決まりを決めるやり方を間接民主主義と言います。
　ここで、「国会における代表者を通じて行動し」と憲法が定めているというのは、日本は間接民主主義を採用しているということを意味しています。

Ⓠ　国民に主権があるのとないのとでは、どこが違うのでしょうか。

Ⓐ　先に述べましたように、明治憲法では、主権は天皇にあり、国民は「臣民」と呼ばれていました。明治憲法下では、天皇を中心とする国家のために臣民（国民）がいると考え、例えば「『お国のため、天皇のため』に戦え」と言われていました。これに対し、国民に主権があるというのは、国家を作り、動かすのは国民であり、国家は国民のためにあるというように変わったのです。

Ⓠ　憲法というものができる以前の時代には、どのような考え方に立って国の統治は維持されていたのでしょうか。

Ⓐ　国家の主権が誰にあるのかという問題は、近代国家ができて作られた観念です。そのため、近代国家ができる以前には、そもそも主権などという観念はありませんでした。ただ、誰かが支配者となって多くの人々がそれに服するためには、単に力で押さえつける（権力的契機）だけでは難しい

ですよね。多くの人々がそれを受け入れること（正統性的契機）が必要です。マックス・ウエーバー（1864〜1920／ドイツの社会学者、政治学者）は、支配には、伝統的支配、カリスマ的支配、合法的支配という3つの類型があると言っています。昔からここでは、そのような支配と服従の関係が続いてきたという伝統を尊重することから支配するのが伝統的支配です。宗教的権威（教皇）や王権神授説のように超越した絶対的なもの（カリスマ）に帰依することによる服従の構造が作られる場合がカリスマ的支配です。近代社会では、我々が選挙によって選んだ人々が作った法律だから、これに従う義務があるという合法的支配に基づく服従の構造が作られています。近代社会以前は、伝統的支配、カリスマ的支配が中心です。今でも伝統的支配が生きている国がありますよね。現代社会では、国民に主権があり、国民の代表者が作った法であることが正当化の契機になっています。私たちが今の法を正当なものとして受け入れることができるのは、主権が国民にあり、その国民の選挙によって選ばれた代表者が法を決めていると考えられるからなのです。

Q006　日本国憲法の基本原則は何ですか

Ｑ　**日本国憲法にはどのような基本原則がありますか。**

Ａ　日本国憲法は、前文から始まり、第1条から第103条まであります。その中で示されている基本原則が「国民主権」「基本的人権の尊重」「平和主義」の3つです。

Ｑ　**国民主権とは、主権が国民にあるということですよね。**

Ａ　そうですね。これは、日本国憲法の前文の第1段落の2文目で、「そもそも国政は、国民の厳粛な信託によるものであって、その権威は国民に由来し、その権力は国民の代表者がこれを行使し、その福利は国民がこれを

享受する。」と表現されています。

　その意味は、①国民が最も権威を持っており、国民を超える権威は存在しないこと、②国民の代表者しかその権力を行使できないこと、③権力の行使は国民の福利のために行うことです。国民が最も上にいて、代表者は国民の福利のために権力を行使する、これが国民に主権があるということです。ですから、公務員は国民全体への奉仕者なのです（日本国憲法15条2項参照）。リンカーン（1809〜1865／第16代米国大統領）の「人民の、人民による、人民のための政治（Government of the people, by the people, for the people）」という有名な言葉も同じ事柄を意味しています。

Ｑ　**「基本的人権の尊重」が基本原則だというのは、どのような意味ですか。**

Ａ　「基本的人権の尊重」というのは、すべての人が生まれながらにして持っている人間としての権利を尊重し、この権利は、誰からも侵されない権利であるとして、これを尊重するということです。

　日本国憲法11条では、「国民は、すべての基本的人権の享有を妨げられない。この憲法が国民に保障する基本的人権は、侵すことのできない永久の権利として、現在及び将来の国民に与へられる。」と規定しています。つまり、この憲法で掲げる基本的人権は、①すべての国民が持っていること、②その権利は永久であること、③将来の国民も基本的人権を有するということです。

　さらに、日本国憲法の第3章において、平等原則（14条）、公務員の選定・罷免権（15条）、請願権（16条）、公務員の不法行為による損害賠償（17条）、奴隷的拘束及び苦役の禁止（18条）、思想及び良心の自由（19条）、信教の自由（20条）、集計結社及び表現の自由・通信の秘密保護（21条）、居住・移転・職業選択、外国移住及び国籍離脱の自由（22条）、学問の自由（23条）など具体的な基本的人権について詳しく規定されています。

Ｑ　**「平和主義」が基本原則だというのは、どのようなことですか。**

Ａ　「平和主義」とは、一般に紛争の解決を暴力や戦争によって行うのでは

なく、平和的に解決することを求める考え方です。憲法の前文の第２段落の１文目に「日本国民は、恒久の平和を念願し、人間相互の関係を支配する崇高な理想を深く自覚するのであつて、平和を愛する諸国民の公正と信義に信頼して、われらの安全と生存を保持しようと決意した。われらは、平和を維持し、専制と隷従、圧迫と偏狭を地上から永遠に除去しようと努めてゐる国際社会において、名誉ある地位を占めたいと思ふ。」とあります。そして、これを承けて、憲法９条は戦争の放棄を定めています。

　さらに、日本国憲法前文の第１段落の３・４文目では、「これは人類普遍の原理であり、この憲法はかかる原理に基くものである。われらは、これに反する一切の憲法、法令及び詔勅を排除する。」と書かれています。

　つまり、憲法の基本原則（国民主権、基本的人権の尊重、平和主義）は、憲法改正によっても動かせない人類普遍の原理だと言っていると理解されるわけです。

Q007　「国民主権」と「民主主義」はどこが違うのですか

Ⓠ　「国民主権」と「民主主義」の違いは、何でしょうか。

Ⓐ　「国民主権」というのは、国家を統治する権限（主権）が国民に帰属するということを表現しているのです。これに対し、「民主主義」というのは、治める者が治められる者であるという政治体制を指しています。

Ⓠ　「治める者が治められる者である」とは、どのようなことですか。

Ⓐ　「治める者」というのは政治権力を動かす者であり、「治められる者」とは政治権力に従う者です。民主主義は、それが同じだということです。言い換えれば、自分や自分たちの選んだ代表の決めたことだから従うが、それ以外の人間の決めたことには従わないということを意味しています。この考え方が、自分たちの代表の定めた法には従うが、領主や国王の定め

た法には従わないという原理につながっていくのです。

Ⓠ　つまり、「私たち又は私たちの代表者の作った法でなければ従わない」というのが、民主主義だということなのでしょうか。

Ⓐ　そうですね。国民主権の考えでは、主権者である国民の代表者が制定した法には従うべきだという理念が成り立ちます。でも、民主主義の理念は、あくまで「治者と被治者との自同性」が重要なのです。多数者が不当に少数者の権利を侵害するならば、それはあくまで多数者が決めたことであり、少数者はこれに従う義務はなく、抵抗する権利があるという考え方も成り立ちます。例えば、性的多数者が性的少数者の結婚する権利（法的には婚姻と言います）を不当に侵害するならば、性的少数者はこれに抵抗する権利があるという考え方を、民主主義から導き出すことも可能です。自分たち以外の多数で決めたことに、なぜ自分たちが従わないといけないのかという理屈です。

Ⓠ　でも、少数者は自分たち以外の多数者の決めたことに従わなくてもよいと言えば、何事も決められなくなりませんか。

Ⓐ　そうですね。多数者の決定には少数者もこれに従う義務があるとするのが民主主義です。しかし、それは、時としてある種の少数者を排除し、その少数者の権利を侵害し、それ以外の多数の横暴を招くおそれがあります。これを防ぐ方法が憲法で定められた基本的人権の尊重なのです。多数の横暴になっていないかということは、民主主義を考える上で、いつも注意をすべき問題なのです。

Q008　日本国憲法では天皇の地位はどうなっていますか

Ⓠ　日本国憲法が制定され、主権が天皇から国民に移りましたが、天皇の地位はどうなりましたか。

Ⓐ 日本国憲法では、天皇は象徴となりました。日本国憲法の第1章で「天皇」について規定しています。「天皇は、日本国の象徴であり日本国民統合の象徴であって、この地位は、主権の存する日本国民の総意に基く。」（1条）と書かれています。この「象徴」というのは、GHQの草案では"symbol"となっていました。シンボルとは抽象的なものを具体的に示すものですから、日本国という抽象的なものを天皇が具体的に示しているというわけです。

　このように特定の個人を国のシンボルとして表現した事例としては、ウエストミンスター憲章前文の「王室は、英国自治領の各国の自由な連合のシンボルである（the Crown is the symbol of the free Association of the members of the British Commonwealth of Nations）」があります。英国の植民地であった自治領に立法権を与えることなどを規定したのが、1931年に英国帝国議会で採択されたこの憲章です。英国王室が英国連邦の自由な連合の象徴となることを、その前文で述べているわけです。

　ただし、GHQが天皇にシンボルという地位を与える草案を作成した際、この憲章がどこまで念頭にあったのかは分かりません。

Ⓠ **天皇の地位（皇位）は、どのようにして決められるのでしょうか。**

Ⓐ 日本国憲法では、天皇の地位、すなわち皇位について「天皇は、日本国の象徴であり日本国民統合の象徴であつて、この地位は、主権の存する日本国民の総意に基く」（1条）と規定をしています。そして、「皇位は、世襲のものであつて、国会の議決した皇室典範の定めるところにより、これを継承する」（2条）と書かれています。「世襲」というのは、子や孫などが後を継ぐことですね。「皇室典範」というのは、皇室に関する事項を定めた法律です。その1条では、「皇位は、皇統に属する男系の男子が、これを継承する。」として、個別的な順位を定めています。ただし、憲法上の要件は、世襲というだけなので、皇室典範を変えれば、女性天皇も憲法上は可能です。

Q　天皇は行政や立法の権限を持っているのですか。

A　天皇は象徴ですから、国政に関する権能を持っていません（日本国憲法
4条）。しかし、内閣の助言と承認により、憲法で定められた国事行為を
することが定められています（同法3条）。具体的には、憲法改正・法律・
政令・条約の公布、国会の召集、衆議院の解散、国会議員の総選挙施行の
公示、国務大臣等の官吏の任免、全権委任状及び大使、公使の信任状の認
証、栄典の授与、条約の批准書等の認証、外国の大使・公使の接受、儀式
を行うことなどがあります（同法7条）。これらは、いずれも天皇が内容
について決定すると国政に関与することになるので、行政権を持つ内閣の
助言と承認に基づき、行うということです。したがって、その責任も内閣
が負うことになっています（同法3条）。

第4章　平和主義の原理

Q009　戦争の放棄とは何ですか

Q　「戦争の放棄」とは、どのようなことですか。

A　「戦争の放棄」というのは、国家間の紛争を戦争という手段を用いて解
決することをしないということです。平和主義のところで述べたとおり、
日本国憲法9条は、戦争の放棄を定めています。まず、その1項で、「日
本国民は、正義と秩序を基調とする国際平和を誠実に希求し、国権の発動
たる戦争と、武力による威嚇又は武力の行使は、国際紛争を解決する手段
としては、永久にこれを放棄する。」と定めています。ここで「放棄」し
ているのは、「国権の発動たる戦争」と「武力による威嚇」又は「武力の
行使」です。すなわち、この3つを「国際紛争を解決する手段」として用

いないということを宣言しているのです。

Ⓠ でも、相手国から戦争を仕掛けられたらどうするのですか。

Ⓐ　日本が攻撃を受けた場合、何もしないということではありません。日本を守るために行う防衛行為まで否定をしているのではなく、自衛隊を保持して日本を守ることは日本国憲法には抵触しないと日本政府は解釈しています。また、国際紛争が生じた場合、その解決は、「あくまで『武力』を用いないで行うということ」「平和的手段によって国際紛争の解決を目指すということ」を憲法は求めているのです。

　日本国憲法9条2項は、「前項の目的を達成するため、陸海空軍その他の戦力は、これを保持しない。国の交戦権は、これを認めない。」と規定しています。この「前項の目的を達成するため」というのは、GHQの原案には入っていませんでした。憲法改正特別委員会委員長であった芦田均さん（1887～1959）が入れた文言だと言われています。そこから、国際紛争を解決する手段として「戦力」を持たないのであり、国際紛争を解決する手段でなければ戦力を保持してもよいという解釈も存在します。

　日本政府は、国際紛争を解決する手段でなくても、「戦力」保持は禁止されているが、自衛権として自衛隊を持つのは、憲法に反しないという解釈を採っています。

Ⓠ 日本国憲法が国際紛争を解決する手段として戦力を持たない理由は何ですか。

Ⓐ　国際紛争を解決する手段として戦力を持たないとされた理由は、第二次世界大戦で多くの人間の命が犠牲になったという背景があります。過去に2つの世界大戦があり、多くの人々が亡くなりました。今、多くの国の人々はお互いにつながり、理解し合おうとしています。他方で、権力を持った人々の中には、軍事力で他国を攻撃し、核兵器で威嚇をする人たちがいます。そのような人々が理不尽に攻撃をしてくる場合、これに対し反撃し、自国を守らなければなりません。

　しかし、一度戦争が始まってしまうと、子どもたちを含む多数の市民の命が奪われる危険にさらされます。もし「核」を使うことになれば、数百万人、数千万人の命が奪われる危険も生じます。例えば、「核」を持ち、国連決議に拒否権を持っている大国が戦争を始めると、誰も止められない状況に陥ってしまいます。これを止めるためにも、武力によってではなく、各国の市民が連帯し、日本の憲法の理念に立って、お互いがよく理解し合い、平和的手段によって紛争を解決するシステムを世界的に構築していく必要があるのです。

Q010　集団的自衛権とは何ですか

Ｑ　**最近、「集団的自衛権」という言葉を耳にしますが、これは何ですか。**

Ａ　まず、自衛権には「個別的自衛権」と「集団的自衛権」とがあります。「個別的自衛権」とは、自分の国が攻撃を受けた場合又は相手が攻撃態勢に入り、後戻りができなくなった段階が生じた場合（＝攻撃に着手した場合）に自分の国を防衛する権利を指しています。危険が切迫していても、まだ後戻りができる段階で相手を攻撃すると、それは、「先制攻撃」になります。これに対し、「集団的自衛権」は、自国と関係のある他国が攻撃を受けた場合又は相手方が他国への攻撃に着手した場合において、当該国の要請に基づき、その防衛をする権利を指しています。

Ｑ　**日本国憲法では、集団的自衛権を認めているのですか。**

Ａ　日本政府は、日本国憲法の下で、これまで、「個別的自衛権はあるが、集団的自衛権はない」としてきたのです。多くの憲法学者は、日本の憲法の下での集団的自衛権を否定しています。なぜなら、集団的自衛権を認めた場合、日本が攻撃されなくても、同盟国が攻撃を受ければ、自衛権の行使による反撃ができることになるからです。しかし、それは、相手国から

すれば、日本からの先制攻撃と見ることができるので、相手国は日本に対し、反撃ができることになります。

　そのような状況下で、2013年に安保法制が改正され、集団的自衛権を認める立法がされました。これに対しては、他国が攻撃を受けた場合でも、その要請により、武力攻撃ができることになることから、わが国への危険性も要件にはされていますが、なお違憲ではないかという意見があります。

Q011 自衛隊を日本国憲法に明記することの意味は何ですか

Ｑ　今、自衛隊を憲法に明記する憲法改正が議論されていますが、なぜ問題になっているのでしょうか。

Ａ　現在の自衛隊は、２つの顔を持っています。災害時に救助活動などを実行する国民になじみのある自衛隊と、いざというとき自衛のために武力を行使する自衛隊です。前者の自衛隊について、これを悪くいう人はいませんよね。それを違憲だという憲法学者もいないでしょう。

　問題は、後者の自衛隊をどのように考えるのかです。日本の自衛隊は、米国、ロシア、中国、インドなどに次いで世界で５番目（2022 Global Firepowerによる）あるいは８番目の戦力（2023 Military Strength Rankingによる）であると評価されています。これが憲法の定める「戦力」に該当しないという解釈はなかなか難しいですよね。そのため、憲法上は違憲だと言われてしまう。したがって、違憲状態を放置するのは望ましくないので、自衛隊を憲法上認めようという考え方が出てきます。

Ｑ　なぜ、それが問題になるのですか。

Ａ　2022年２月にロシアは自国民を守るとしてウクライナに侵攻しました。そのようなケースも含めて、一般に他国を侵略すると言って戦争をする国はありません。自国の領土を回復するためとか、自国の権益を守るとか、

自国民を守るとかいう理由で戦争は開始されます。自衛だからどのような
戦力でも保持してよいということでは、歯止めがないわけです。どこかで
歯止めをかけないと際限なく拡がるのが戦力であり、戦争です。

　かつて日本と中国が戦争を始めたきっかけは、1931年に日本の陸軍（関
東軍）が奉天近くの柳条湖という場所で南満州鉄道を爆破し、中国軍が爆
破したことにして、自国民を守るという名目で軍事侵攻を開始したことに
あります。1928年にはケロッグ・ブリアンの不戦条約（第 1 条では、「締
約国は、国際紛争解決のために戦争に訴えることを非難し、かつ、その相
互の関係において国家政策の手段として戦争を放棄することを、その各々
の人民の名において厳粛に宣言する。」と規定していました。）が締結され、
日本も加盟しており、侵略的な戦争は許されないことになっていたため、
中国軍の攻撃に対し自国民を守るという名目が使われたのです。これがい
わゆる満州事変です。当時、奉天総領事館にいた総領事代理森島守人は、
関東軍の行動を制止しようとしましたが、その際、関東軍の将校は、森島
に軍刀を突きつけて、軍隊統帥権に口を出すなとして、外務省がことを収
めようとしたのを妨害したのです。ここから日中戦争が拡大していったの
です。軍隊統帥権は天皇が持つ憲法上の権利である、国会や行政のいいな
りにはならないというメッセージがその軍刀には込められていたわけです。

　かつての戦争と同じ道を進まないようにするためには、どうすればよい
のかをみんなで真剣に考える必要があるのです。

第2部
基本的人権

第5章　基本的人権の原理

 Q012　「国民」とは誰のことですか

Ｑ　**日本国憲法において「国民」とは、誰を指しているのでしょうか。**

Ａ　日本国憲法10条で、「日本国民たる要件は、法律でこれを定める。」としています。そして、これを承けて、国籍法という法律で、どのような場合に日本国籍を取得し、あるいは喪失するのかを規定しています。

　国籍の得喪（取得することと喪失すること）に関しては、血統主義を採るものと出生地主義を採るものがあります。血統主義は、親がその国の人間である場合、その子はその国の国籍を取得するとするもの、出生地主義は、その国で生まれたら、その国の国籍を取得するというものです。

　日本の国籍法では、①生まれた時に、父母のどちらかが日本国籍のとき、②出生前に死亡した父が死亡時に日本国籍だったとき、③日本で生まれた場合において、父母がともに不明であるとき、又は、国籍を有しないとき——に日本国籍を取得する（国籍法２条）とされ、基本的に血統主義をとっています。その他にも、日本に長く居住し、日本国籍の取得を希望する外国人や日本人と婚姻した外国人など、一定の要件があれば、日本国民となることを許可しています。これを「帰化」といいます。例えば、モンゴルから日本国に帰化した大相撲の元横綱の白鵬などのように、外国人も帰化が認められれば、日本人になることができます。

　なお、以前は、婚姻していない日本人の父と外国人の母との間に子が生まれて、日本人父が自分の子だと認めた場合（「認知」と言います）には、父母が結婚したときに限り、日本国籍を取得する（改正前国籍法３条）としていました。しかし、子の国籍について、その父母が結婚しているかど

うかで区別することには合理性がなく、この国籍法の規定は憲法に違反をするという判断を最高裁判所が示しました。そこで、2008年に国籍法3条は改正され、日本人に認知された未成年の子は、父母が結婚していてもいなくても日本国籍を取得することになりました。結婚している両親の間に生まれた子（嫡出子）とそうでない子（嫡出でない子）を差別するのは法の下の平等に反するという当然のことなのですが、最近まで認められていなかったのです。

Ⓠ　**日本は血統主義を採っているということですが、出生地主義を採っている国はあるのですか。**

Ⓐ　米国がそうです。外国人でも米国内で出生すれば米国籍を取得できます。もともと米国というのは、ネイティブアメリカン（インディアン）を狭い居留地に追いやり、移民が建てた国ですから、血統主義は成り立ちにくいのです。そのため、出生地主義を採っています。ですから、日本人夫婦の子でも米国で生まれれば、日本国籍を留保して、米国籍も取得することができます。でも、永く二重国籍は認められませんから、成人に達したら2年以内に、日本か日本以外の国か、どちらの国に帰属するのかを選ばないといけないことになっています（国籍法14条1項）。

Q013　基本的人権とは何ですか

Ⓠ　**「基本的人権」とは、そもそも何ですか。**

Ⓐ　「基本的人権」については日本国憲法11条から40条に至るまで多様な権利が規定されています。

　　基本的人権については、同法11条で、「国民は、すべての基本的人権の享有を妨げられない。この憲法が国民に保障する基本的人権は、侵すことのできない永久の権利として、現在及び将来の国民に与へられる。」と規

定しています。ここで大切なことは、基本的人権は憲法上の権利であり、国会の多数決による法律で制限できないということです。そして、これは「侵すことのできない永久の権利」ですから、将来、憲法改正によっても制限できないと解されています。多数の横暴を防ぎ、少数者の基本的人権を守ることは、時代によらず、普遍的な価値を持つものだということを意味しているのです。

Ｑ　何が基本的人権なのでしょうか。

Ａ　日本国憲法11条には、「この憲法が国民に保障する基本的人権」とのみ書かれています。したがって、憲法制定当時の11条以下の条項に定められた基本的人権はこれに含まれます。今後、米国の連邦憲法のように修正条項として新たに加えることも可能です。もっとも、憲法制定以来、新たに付加された基本的人権はありません。

Ｑ　どのような「基本的人権」があるのですか。

Ａ　憲法の基本的人権には、①自由権、②平等権、③社会権の３つが分けられて規定されています。広くは、これに、④参政権、⑤その他の国に対する請求権や、⑥新しい人権と言われているものも基本的人権として捉えられる場合があります。ただし、⑥は憲法上の権利ではありません。

　本来の憲法上の人権というのは、国家が市民社会に不当に介入してその権利を制限することを許さない規範として出発しており、自由権、平等権がその基盤にあります。日本国憲法においては、思想・良心（19条）、信仰（20条）、表現（21条）、居住・移転（22条）、学問（23条）の自由、財産権（29条）などが自由権に当たるものです。

　平等権は、日本国憲法では、国民は法の下に平等であることが規定され（14条）、婚姻における両性の本質的平等についても規定されています（24条）。

　社会権というのは、歴史的には少し後に誕生したものです。近代社会は、形式的・消極的なレベルで自由・平等を認めましたが、格差が拡大するに

従って、実質的・積極的な自由や平等は失われていきます。自由に放置されると、生きていけない人も出てきます。そこで、生まれたのが社会権です。日本国憲法では、健康で文化的な最低限度の生活を営む権利（25条）、教育を受ける権利（26条）、勤労の権利（27条）及び勤労者の団結権・団体行動権（28条）を社会権として規定しています。なお、憲法は、その他にも奴隷的拘束を禁止するなどの身体的自由権（18条、31条、33～39条）や請願権などの国務請求権（16・17条、32条、40条）も規定をしており、広い意味では、これらも基本的人権に含まれます。

Q014　自由及び権利の保持義務とは何ですか

Ⓠ　**「自由及び権利の保持義務」とは何ですか。**

Ⓐ　日本国憲法12条は、「この憲法が国民に保障する自由及び権利は、国民の不断の努力によつて、これを保持しなければならない。又、国民は、これを濫用してはならないのであつて、常に公共の福祉のためにこれを利用する責任を負ふ。」と規定しています。これが自由及び権利の保持義務と呼ばれているものです。

　イエーリング（1818～1892／ドイツの法学者）の書いた『権利のための闘争』という本があります。その中で、権利というのは、これを否定する者との闘いの中で勝ち取られてきたものであり、権力を握った者は、いつでもこの権利を脅かすおそれを有していること。権利は決して上から与えられるものではなく、絶えず、その権利を守るために国民自ら権利侵害と闘うことが求められること。人間にとって、決して奪われてはならない権利が侵害される場合には、これと毅然として闘い、その権利を保持することとは、国民としての義務であるということ──を述べています。このように自由及び権利は国民自らが保持する義務があるというのが自由及び権利

■基本的人権

種　類	人　権	条　文	内　容
精神的自由権	思想・良心の自由	19条	内心の意思の自由の保障
	信仰の自由	20条	信仰の自由・政教分離
	表現の自由	21条	集会・結社等表現の自由の保障
	学問の自由	23条	学問・大学の自由・自治
経済的自由権	居住・移転等の自由	22条	居住・移転・職業選択の自由
	財産権の自由	29条	財産権の制度的保障
平等権	法の下の平等	14条	人種等による差別の禁止
	両性の本質的平等	24条	配偶者選択等の個人の尊厳等
社会権	生存権	25条	最低限度の生活を営む権利
	教育権	26条	教育を受ける権利・させる義務
	勤労の権利	27条	勤労する権利・義務
	団結権・団体行動権	28条	勤労者の団結・団体行動権
身体的自由権	奴隷的拘束・苦役の禁止	18条	奴隷的拘束を受けない権利等
	法定手続	31条	適正手続保障
	逮捕の制約	33条	令状による逮捕等
	抑留・拘禁の制約	34条	弁護人依頼権等
	侵入・捜索・押収の制約	35条	令状による侵入・捜索・差押
	拷問・残虐な刑罰禁止	36条	公務員による拷問等の禁止
	刑事被告人の権利	37条	公平・迅速・公開の裁判等
	自白強要の禁止	38条	自白強要の禁止・証拠不可
	二重処罰の禁止	39条	遡及処罰・二重処罰の禁止
国務請求権	請願権	16条	平穏に請願する権利
	裁判を受ける権利	32条	裁判所で裁判を受ける権利
	国家賠償	17条	公務員の不法行為による賠償
	刑事補償	40条	無罪裁判による補償

の保持義務です。

　例えば、米国における黒人の市民権を獲得するための運動（公民権運動）などは、長い歴史があります。人種や肌の色で差別してはならないという当然のことを実現するために多くの人々が血を流し、権利侵害と闘うことによって、その権利の実現が図られてきています。女性の権利についても、多くの国で男性優位の歴史があります。日本でも、1985年に女子差別撤廃条約を批准し、35年以上が経過していますが、まだまだ男女平等には程遠い状態です。不断の努力なくして自由・平等の実現はなし得ないということなのです。

Ⓠ　**「公共の福祉のためにこれを利用する責任」というのは、どういうことですか。**

Ⓐ　「公共の福祉」とは、国民に保障されている基本的人権は、無制限に権利を行使できるわけではなく、他人の権利を侵害しない範囲で行使できるということです。

　例えば、表現の自由があるからと言って、他人のプライバシーを侵害することを公表して、その人の名誉を棄損することは、許されませんよね。しかし、国会で権力を行使する人が犯罪を実行した疑いがある場合、公共の利益のために、その疑いを抱かせる客観的事実を公表することは、許されるでしょう。

　何が権利の濫用となり、公共の福祉に反することになるのかは、なかなか難しい問題です。戦前の治安維持法のように、治安を害する、公共の福祉に反するとさえ言えば、政治を批判する演説でも制限できるとすると、憲法上の権利とした意味がなくなります。

　公共の福祉による制約について、精神的自由権の制限は必要かつ最低限度にとどめるべきであるとされています。経済的自由権については、日本国憲法29条に明記されているように、ある程度、公共の福祉による制限が認められると考えられています。

　もともと力のある者や多数者の利益のために弱者や少数者の人権が侵害されてはならないというのが、憲法で基本的人権を規定する理由なのです。したがって、多数＝公共の福祉と解すると、少数者の人権を守ることはできないという問題が生じることになります。

Q015　個人の尊重とは何ですか

Ｑ　日本国憲法13条に示された「個人として尊重される」とは、どのようなことですか。

Ａ　日本国憲法13条前段に「すべて国民は、個人として尊重される」と書かれています。これだけだと何のことかよく分かりませんね。そして、同条後段には、「生命、自由及び幸福追求に対する国民の権利については、公共の福祉に反しない限り、立法その他の国政の上で、最大の尊重を必要とする」と記載されています。ここまで読むと、個人の尊厳が大事だということが分かってきますが、それでは、「個人の尊厳」とは何なのかを考えてみましょう。

　私たちは、社会の中で様々な役割を担っており、その帰属する集団の中での立場やその時にした行為や所属する組織の地位などによって、様々な名称で呼ばれますよね。これに対し、「個人」というのは、そのようなレッテル（例えば、会社での一般社員、課長、部長とか家庭内での親とか子とか、学校での先生とか生徒とか、社会での窃盗犯とか暴力団組員とか）をすべて取り去ったところに存在する一人の人間を指しています。

　「個人として尊重される」というのは、どのような人であっても、一人の人間としての尊厳をみんなが持っているということです。人間としての尊厳のない人というのは一人として存在しません。そのような尊厳のある存在であるからこそ、すべての人が生命、自由及び幸福を追求する権利を

持っているのであり、そのような尊厳のある存在ですから、公共の福祉を害するようなことはしてはいけないということなのです。人を傷つける言葉を発したり、人を叩いて言うことをきかせようとしたり、権力を利用して弱い者を痛めつけたり、人に様々なレッテルを貼って差別したり、そういうことをしてはならないのです。なぜならあなたは尊厳のある人間であり、相手もまた尊厳のある人間だからです。親だから子を傷つけてもよい、先生だから生徒を叩いてもよい、そのような理屈は通らないというのが「個人として尊重される」ということの持っている意味です。

　2022年12月になって、ようやく民法の規定の中に子の人格を尊重する旨の規定が採り入れられました（民法821条）。子どもを一人の権利者として自覚することの大切さを国内法に採り入れるのに、子どもの権利条約の批准から20年近くの歳月を必要としたのです。

第6章　基本的人権の限界

基本的人権には制限はないですか

　基本的人権には制限はないのでしょうか。

Ａ　基本的人権に対する制約として、先に述べた（Q014）「公共の福祉」があります。日本国憲法12条は「常に公共の福祉のためにこれを利用する責任を負う」とし、同法13条は国民の権利について「公共の福祉に反しない限り」最大の尊重を必要とする旨を規定しています。

　すべての基本的人権が同じように公共の福祉の制限を受けるのでしょうか。

Ａ　この点について、学説は分かれています。すべての人権は公共の福祉に

より制約されるとする一元的外在制約説、経済的自由権や社会権は公共の
福祉の制限を受けるが、そのほかの自由権は内在的制約があるだけだとす
る内在・外在二元的制約説、公共の福祉は人権相互の矛盾・衝突を調整す
る実質的公平の原理であり、すべての人権に内在する制約であるとする一
元的内在制約説などがあります。また判例理論として、比較考量論があり、
比較考量論の問題点を指摘する二重の基準論があります。これは、精神的
自由権は経済的自由と較べて優越的地位を占めており、経済的自由権の制
約に適用される合理性の基準は精神的自由権には適用されず、より厳格な
基準を適用すべきであるとする考え方で、広く支持されていると言われて
います。

Ｑ　実際の裁判例では、どのように理解されているのでしょうか。

Ａ　具体的な事件に関する判例について、当初は外在制約説的なところがあ
　りました。その後は、内在制約説的な裁判例もあると評価され、また、二
　重の基準論に近い判断も示されていると言われています。一般的な比較考
　量だけになると、その基準は裁判官の主観に委ねられる危険があるとの指
　摘もされています。

Q017　基本的人権を制約するのは公共の福祉だけなのです か

Ｑ　基本的人権を制約するのは、公共の福祉だけなのでしょうか。

Ａ　基本的人権を制約するものとして、公共の福祉以外に「特別権力関係の
　理論」があります。

Ｑ　「特別権力関係の理論」とは、どのような理論でしょうか。

Ａ　「特別権力関係」というのは、公権力と特別な関係にある者（公務員、
　在監者、国公立大学学生など）との間に成立する公権力と国民との関係を
　言います。その場合、公権力は特別な支配権を持ち、法治主義は排除され

ること、法律の根拠なくして制限できること、司法審査にも服さないことなどの特徴がありました。

Ｑ そのような関係は、現在でも認められているのでしょうか。

Ａ この「特別権力関係の理論」は、大日本帝国憲法（明治憲法）からのもので、現在ではこれを否定する考え方があるほか、特別権力関係を認める見解でも、人権規定は適用されること、人権制限は、特別権力関係の設定目的に照らし必要かつ合理的な範囲に留まること、同意がない場合の人権の制限は法律上の根拠が必要であることなどが説かれています。

Ｑ 例えば、どのような法律関係についてでしょうか。

Ａ 例えば、在監者（監獄に収容されている受刑者）の場合でも、拘禁と戒護、受刑者の矯正教化などの目的を達成する場合において、人権の制限は、最小限度にとどめるべきであると考えられるに至っています。

Ｑ ところで、憲法の人権規定は、私人間でも適用されるのでしょうか。

Ａ 憲法は、国家の行為から私人を護るためにあるものであり、私人間には適用がないというのが原則的な考え方です。しかし、近年、巨大企業が現れ、私人でも国家に負けないような力を持つようになり、国家と同様の規制を設けるべきではないかという考え方も出てきています。しかし、憲法を直接私人間に適用することについては、①私的自治の原則が害されるおそれがあること、②人権侵害は、本来国家権力によるものであること、③私人間の紛争に国家が介入することになることなどの理由から消極的な考えが多いように思われます。

　これに対し、憲法を間接的に適用するという考え方があります。人権を侵害する行為があった場合、①法律行為に基づくもの、②事実行為に基づくが、その事実行為自体が法令の概括的な条項・文言を根拠としているもの、③純然たる事実行為に基づくものに分けた場合において、①及び②については、人権規定の趣旨を勘案、考慮すべきであるとする見解があります。

　また、③については、米国判例法理における国家行為の理論（state action theory）に基づく考え方があります。これは、㋐公権力が、私人の私的行為にきわめて重要な程度にまでかかわり合いになったこと、または、㋑私人が、国の行為に準ずるような高度に公的な機能を行使している場合、当該私的行為を公的行為と同視して、憲法を直接適用するという理論（国家同視説）です（芦部『憲法［第8版]』120頁参照）。

第7章　包括的基本権と法の下の平等

Q018　法の下の平等とは何ですか

Q　「法の下の平等」とは、どういうことでしょうか。

A　日本国憲法14条1項は、「すべて国民は、法の下に平等であつて、人種、信条、性別、社会的身分又は門地により、政治的、経済的又は社会的関係において、差別されない。」と規定しています。門地というのは、現在あまり使われませんが、出生によって当然に生じる社会的地位のことで、「家柄」や「生まれ」のことです。「すべて国民」が主語になっていますが、外国人を差別してよいという趣旨ではありません。日本国は、少なくとも日本国民を差別してはならないということを規定しているのです。

　つまり、「法の下の平等」というのは、国は、国民の権利や義務を等しく平等に扱わなければならないという趣旨であり、実質的な平等を保障するものではありません。

Q　平等に扱うことによって生じる較差はどうしようもないのでしょうか。

A　いえ、そうではありません。家庭環境、社会環境、経済力、生来的素質等による較差がある中で、同じように取り扱われれば、当然に恵まれた環

境、恵まれた素質のある者とそうでない者との間に実質的な較差が生じます。また、社会的な立場による較差も生じます。そのような様々な較差を是正するためにできたのが社会権と呼ばれる基本的人権です。

Q 「平等」と言っても、その意味はいろいろあるのですね。それぞれどのような使い方の違いがあるのでしょうか。

A 「平等」という言葉の意味は、時代により、場所により、変遷があります。フランス革命時代の「自由・平等・友愛」の「平等」とは、一定の有産市民（お金持ち）の男性を指しており、すべての人間の平等という観念はありませんでした。米国は自由・平等を旗印にしていますが、黒人を奴隷として扱ってきた歴史を持ち、今も黒人差別は続いています。

　一般に社会的な性差別には根深いものがあり、LGBTQなど性的マイノリティに対する差別だけではなく、障害者差別や学歴差別もあります。これらは制度の問題でもありますが、過去からの慣習に支配されてきた人間に染みついている感覚的なものが大きな力を持っています。差別の問題が根深いのは、それが表面的な意識の問題ではなく、人間の心の奥深くに入り込み、異質の存在を受け入れられなくされてしまっていることに起因します。常に差別される相手の生い立ちを追体験しながら、自他非分離の視点を持つことが必要です。同じ人間であるという自覚こそが差別をなくすためには必要とされています。

 Q019 家族関係における個人の尊厳と両性の平等とは何ですか

Q 家族関係における個人の尊厳とは何でしょうか。

A 家族関係において、すべての家族の構成員がかけがえのない尊厳を持った個人であるということを指しています。日本国憲法24条1項では、「婚姻は両性の合意のみに基いて成立し、夫婦が同等の権利を有することを基

本として、相互の協力により、維持されなければならない」と規定しています。

　日本国憲法が制定される以前には、結婚によって女性は家から出て夫の家に入るとされていましたが、戦後、家制度が廃止され、婚姻は個人と個人の合意のみによって成立することが明記されたのです。また、日本には、男尊女卑の慣行があり、これを排除するためにも、夫婦が同等の権利を有することを確認することが必要であったと考えられます。

Ⓠ　**家族関係における両性の平等とは何ですか。**

Ⓐ　両性の平等については、日本国憲法14条でも性別による差別の禁止規定を置いています。それとは別に、同法24条2項は、「配偶者の選択、財産権、相続、住居の選定、離婚並びに婚姻及び家族に関するその他の事項に関しては、法律は、個人の尊厳と両性の本質的平等に立脚して、制定されなければならない」と規定しました。

　日本国憲法ができる前の日本社会では、配偶者の選択が親によってされることがありました。相続も長男が家を継ぐという形で女性が継ぐのは例外的でした。住居もお嫁に行くという形で女性が男性の家に入るのが通常でした。そして、離婚原因についても男女差別がありました。そうした過去の法制度を改め、個人の尊厳を認めるとともに、両性の本質的平等に立脚して、法の制定がされなければならないとされたのです。

Ⓠ　**その結果、両性の平等性、個人の尊厳を保つ法が制定されたのでしょうか。**

Ⓐ　家庭については、民法の「第4編　親族（親族法）」、「第5編　相続（相続法）」が制定され、基本的な両性の平等規定が置かれましたが、現実の社会は、平等にはなっていません。例えば、女性の社会進出とともに問題になってきたのが婚姻による氏の変更です。法律上は、夫又は妻のいずれの氏を名乗ってもよいとされていますが、現実には、95％の夫婦が男性の氏を名乗っています。そこには、社会的な圧力が働いていることが明ら

かです。男性の氏にするのも女性の氏にするのも、どちらでもよいもので
あれば、多数の例を集めれば概ね半々になるはずです。95％の夫婦が自由
な意思決定の上で男性の氏になっていると考えるのは、社会的バイアスを
無視した非常識な考え方です。社会で活動する上で、実際に途中で氏が変
更されてしまうことに支障が生じるからこそ、社会で活動している男性の
氏にしているというのが現実です。しかし、女性も男性と同等に社会活動
を実現することを考えると、いずれの氏にするのかをクジ等で決めるのか、
それとも、女性が元の氏を使い続けることを法的に承認することが必要に
なってきます。双方にとって望ましいのは、それぞれの氏を使い続けると
いう国際標準に合わせることです。そのため、男女同一氏を定める民法の
規定が憲法に違反するということが問題点として指摘されています。

　現在、夫婦同姓を強いる国は先進国では日本以外にありません。日本だ
けが夫婦同姓にするよう求められています。それでも、なかなか夫婦別姓
にする自由が実現しないのは、男女差別に対する考え方の違いがあるから
です。男性が、相手方配偶者の氏に合わせるよう求められた場合、それで
よいと思うかどうか、これが差別を考える上では大切なことだと思います。
それでよいと思わなければ、そこにはジェンダー差別があると考えられま
す。なお、同性のカップルは保護されないのかという論点について、東京
高等裁判所は、2020年3月4日判決で、婚姻と同様ではないものの、その
不当破棄は損害賠償の対象となる旨を判示しています。すなわち、同性カ
ップルも、法的保護に値する利益であることを認めたものと解されます。

第8章　精神的自由権（1）

Q020　思想及び良心の自由とは何ですか

Q　「思想及び良心の自由」とは、何でしょうか。

A　「思想」とは、一定の価値観に基づく体系的な思考や信念、いわゆる主義・主張、世界観、人生観などを指し、「良心」とは、事物や自己の行動の是非について判断する内心の作用を意味するとして、両者を一応区別することができます。ここで重要なのは、思想・良心の自由が人間存在にとって根源的な自由であり、誰からも干渉されない権利だということです。この規定は、明治憲法下において思想の自由が抑圧された苦い経験への反省に基づくものです。

　基本的人権のうち自由権と呼ばれる権利は、精神的自由権、経済的自由権、身体的自由権（人身の自由）に区分されます。精神的自由の中でも、内面的精神活動の自由は重要なものと考えられており、その基本となるのが、「思想及び良心の自由」（日本国憲法19条）です。「思想及び良心」は、「thought and conscience」の訳です。戦前の日本では、思想自体の取締りや弾圧が行われていたことから、特にその重要性に鑑みて憲法に規定されたのです。誰でも、考えるのは自由です。考えたことを公表した場合、その内容が公序良俗に反する場合があるとしても、思想（考え）それ自体は自由であり、ある人から見て、誰かが悪い考えを持っているというだけの理由で、その考えを持つこと自体が制限されてはならないのです。

Q　どのような思想を持っているのか、質問するだけならよいのでしょうか。

A　その質問が強制になる場合には許されません。これは思想ではなく信仰の問題ですが、皆さんの知っているとおり、江戸時代には「踏み絵」があ

りました。クリスチャンであればイエス様の像を踏めないだろう、踏めなければクリスチャンであり、処罰するということなのです。ある考えを持っていることを処罰することも、それを表明するよう求めることも許されないというのが、思想及び良心の自由です。どのような考えを持とうが、それは各人の自由なのです。

　しかし、学校の卒業式で、国歌斉唱の際、日本の国旗に向かって起立し、国歌を斉唱せよという校長先生の職務命令に従わなかったとして先生を懲戒処分にしたことが適法だったかを巡って最高裁判所まで争われ、適法だと判断された事例があります。

Ⓠ　**その先生は、どうして、そこまでして従わなかったのでしょうか。**

Ⓐ　個別的なことは分かりませんが、これには歴史があります。日中戦争から第二次世界大戦の際、日本の国旗・国家とされた日章旗や君が代は軍国主義の象徴だったのです。戦地で多くの友人や親族を亡くした人々にとっては、日章旗や君が代は、かつての軍国主義時代を想起させます。戦争の忌まわしい記憶と結び付いている人にとっては、日章旗に礼をすることも君が代を歌うことも苦痛になります。ナチスの鉤十字（ハーケンクロイツ卍）はユダヤ人200万人の虐殺の象徴となっており、それを見るだけで悲しい過去が想起されます。

　そうした過去の忌まわしい記憶と結び付いている人に無理に歌わせようとして、歌わないから処分をするということだとすれば、それが果たしてよいことなのかも考える必要があります。人間の持つ人間らしい良心への寛容さを失ってしまったら、ある特定の考え方を強制することになりかねません。強制する側がどのように考えるのかと同時に、受け止める側がどのように受け止めるのかも考える必要があるのではないでしょうか。

Q021　信教の自由とは何ですか

Q　「信教の自由」は、なぜ認められているのでしょうか。

A　日本国憲法20条１項の前段で「信教の自由は、何人に対してもこれを保障する。」としています。「国民」に対してではなく「何人」に対してもとなっています。信教の自由は国籍を問わず、普遍的なものだという考えを表しています。さらに、同条１項後段で「いかなる宗教団体も、国から特権を受け、又は政治上の権力を行使してはならない。」とし、同条３項は、「国及びその機関は、宗教教育その他いかなる宗教的活動もしてはならない。」と規定しています。これは、「政教分離」と呼ばれ、政治と宗教とは分離されるべきであるという考え方の表明です。

Q　政治と宗教を分ける必要はどこにあるのでしょうか。

A　かつて明治憲法の下では、「神社は宗教にあらず」として、神社に特権的地位を与えても、神社は宗教ではないから、宗教の自由を侵害するものではないとされ、いわゆる「国家神道」として特別な扱いを受けていました。しかし、神社も宗教であり、現在の憲法では、そのような特定の宗教を宗教ではないとして国が特別扱いをすることは認められないとされたのです。

　　この関係で、首相など公的機関に属する者が靖国神社に参拝することが政教分離原則に違反をしていないかということがしばしば問題とされています。

Q　公的な立場にいる人は、特定の宗教に参加してはいけないのでしょうか。

A　そうではありません。そこには、神社は宗教ではないとして国家神道というものが成立していた過去の歴史があります。再び、そのようなことになるのではないかという危惧感を抱かせるところに問題の根があるように思われます。政治家が個人として特定の宗教を信仰するのは自由です。

Ⓠ **逆に、宗教に関与しない自由もあるのですか。**

Ⓐ 日本国憲法20条2項は、「何人も、宗教上の行為、祝典、儀式又は行事に参加することを強制されない。」と規定しています。親が子に特定の宗教行事に参加することを強制することも信教の自由に対する侵害になります。親も、子どもの宗教上の自由を奪ってはいけません。勧めるのは自由ですが、子どもの意思を尊重する必要があります。子どもにも宗教を選択する自由があるのです。

Q022 学問の自由とは何ですか

Ⓠ **「学問の自由」とは、何を指しているのでしょうか。**

Ⓐ 「学問の自由」には、学問研究の自由、研究発表の自由、教授の自由が含まれていると解されています。

日本国憲法23条は、「学問の自由は、これを保障する」と規定しています。歴史的には、学問の自由は大学の自治との関係で問題となってきたものです。あらゆる学問の発展は、国家の基盤にあるものであり、自由な研究・発表が保障されないと、学問の発達はありませんよね。その自由を確保するためには、学問の府である大学の自治というものを認める必要があるのです。日本の大学の歴史は短く、戦前には、ある学説が当時の政府の方針に合わないということで権力的に弾圧されたという歴史がありました。そこから、学問の自由を憲法的に保障する必要があるとして「学問の自由」の条項が設けられたのです。したがって、その中には、大学の自治というものも含まれています。

Ⓠ **学生にも大学の自治というものがあるのですか。**

Ⓐ そうですね。昔、学生にも大学の自治が認められるかが問題となった「東大ポポロ事件」と呼ばれている事件がありました。これは東大構内で

開かれた学生の演劇集団「ポポロ」が劇を上演中、私服警察官が情報収集のために入り込んでいることが発覚し、学生が警察官に暴行を加えたということで起訴された刑事事件です。第一審の東京地方裁判所は「大学は元来、学問の研究及び教育の場であつて、学問の自由は、思想、言論、集会等の自由と共に、憲法上保障されている。これらの自由が保障されるのは、それらが外部からの干渉を排除して自由であることによつてのみ、真理の探求が可能となり、学問に委せられた諸種の課題の正しい解明の道が開かれる。」「大学は、警察権力乃至政治勢力の干渉、抑圧を受けてはならないという意味において自由でなければならないし、学生、教員の学問的活動一般は自由でなければならない。そして、この自由が他からの干渉を受けないためには、これを確保するための制度的乃至情況的保障がなければならない。それは大学の自治である。大学の自治は、学問、思想、言論等の自由を実効的に確保するために過去幾多の試練に耐えて育成されて来た方法であつて、わが国においては、既に確立された、制度的とすら言つてよい慣行として認められている。」「学生も教育の必要上、学校当局によつて自治組織を持つことを認められ、一定の規則に従つて自治運動を為すことが許されている。」として暴行をした学生を無罪とし、控訴審である東京高等裁判所もこれを認めました。これに対し、最高裁判所は、学問の自由や大学の自治が認められるのはそのとおりであるが、「本件集会は、真に学問的な研究と発表のためのものでなく、実社会の政治的社会的活動であり、かつ公開の集会またはこれに準じるものであつて、大学の学問の自由と自治は、これを享有しない」として原判決を破棄して第一審に差し戻したのです。この最高裁判所判決については、学問と政治的活動との区別は困難であるなど、憲法学者からの批判があります。学問の自由もまた、学問をする者が自ら守る必要があるということです。

第9章　精神的自由権（2）

Q023　表現の自由とは何ですか

Q　「表現の自由」とは、何でしょうか。

A　「表現の自由」には、個人が言論活動を通じて自己の人格を発展させるという自己表現の価値と言論活動によって国民が政治的意思決定に関与するという自己統治の価値が含まれています。

日本国憲法21条1項は、「集会、結社及び言論、出版その他一切の表現の自由は、これを保障する。」と規定しています。この表現の自由の中には、「集会」「結社」「言論」「出版」の自由が例示されています。明治憲法にも同様の規定があり、「日本臣民ハ法律ノ範圍内ニ於テ言論著作印行集會及結社ノ自由ヲ有ス」（同法29条）と規定していました。しかし、「法律ノ範囲内」での権利ですから、法律によって、言論、著作、印行（出版）、集会、結社を制限することができました。実際、明治から大正にかけて自由民権運動が起きた時には、新聞による報道や集会を制限する新聞条例や、時の政府に都合の悪い言論、出版を制限する治安維持法などの法律が制定され、特に政治に関する自由な議論、集会、出版などは制限され、政府を批判する言動があれば集会の解散を命じられることもありました。

日中戦争から第二次世界大戦の時代には、政府が発表する「大本営発表」だけが情報として「臣民」に伝えられ、次第に真実ではない情報が増えるに連れて、多くの人々はこれを全く信用しなくなりました。大本営発表と言えば、信用できない情報の代名詞として扱われることになったのです。

そうした過去の反省から、戦後に制定された日本国憲法では一切の表現

の自由を保障すると宣言することになったのです。自由に政治についても
議論ができ、集会を開くことができ、政治的な結社も作ることができるよ
うになったのです。

Q024　知る権利とは何ですか

Ｑ　日本国憲法には書かれていませんが、「知る権利」とは何ですか。

Ａ　「知る権利」とは、本来的には、表現の自由の一部として、国家からの
　自由という側面を有していますが、更に、政治に参加する権利の一部とし
　て、積極的に国家に対し、情報を受け取り、その公開を請求する権利とし
　ての性格も有すると考えられています。

Ｑ　その「知る権利」は、具体的に法制化されているのですか。

Ａ　はい。そうした観点から、1999年に行政機関の保有する情報の公開に関
　する法律（情報公開法）が制定され、誰でもが、行政機関の長に対し、当
　該行政機関の保有する行政文書の開示を請求できる（同法３条）とされま
　した。個人情報など一定の理由で開示できない情報は請求できませんが、
　もし、請求された中に開示できない部分が含まれる場合でも、その部分を
　除いて開示しなければなりません（同法６条）。これは国民の知る権利に
　基づくものですから、誰でも開示を請求する権利があります。ただし、担
　当者が時間をかけてコピーを取るなどしなければならず、費用もかかるの
　で、情報公開の意味が理解でき、請求者が費用負担できることが必要です。

Ｑ　それは、成人にならなくても請求できるのですか。

Ａ　できます。中学生、高校生の場合でも国民であり、知る権利があります
　から、先の情報公開法に基づいて開示を求めることができます。中高生で
　も、夏休みの宿題などで調べたいという場合には、例えば、市区町村役場
　に連絡をし、欲しい情報を伝えて相談し、費用負担ができれば、開示を求

めることが可能です。なお、アクセス権というものもありますが、これは知る権利とは別のものです。

Ｑ 「アクセス権」と「知る権利」とは、どのように異なるのですか。

Ａ 「アクセス権」は、マスメディアに対し、情報を求め、意見を述べる権利という意味で使われます。「知る権利」は、国や行政機関に対するものですが、マスメディアの多くは、私企業です。憲法上の権利として私企業に対し、何かを請求することは当然にはできません。むしろ、現在では、国民自らがSNSを通じて、情報を発信し、情報を交換し合うことができる時代です。そこで重要なことは、情報の質です。

インターネット上では、誰でも自由に情報を発信できる利点がある反面、虚偽情報を拡散しようと思えばいくらでもできます。虚偽情報を拡散することは表現の自由とは真逆のものであり、大変有害なことです。ある情報を入手し、これを他の人に伝えたいと思ったとき、その情報が虚偽の情報か真実の情報か、仮に真実の情報であるとしても、個人情報として秘匿すべき事実か、拡散してもかまわない事実か、よく確認して行う必要があります。また、他人を誹謗中傷したり、差別したりする情報が含まれている場合には、仮に他から得た情報を別のところに移すだけでも責任があります。表現の自由には責任が伴うことを理解する必要があります。

Q025 検閲とは何ですか

Ｑ 「検閲」とは何ですか。

Ａ 「検閲」とは、「公権力が外に発表されるべき思想の内容をあらかじめ審査し、不適当と認めるときは、その発表を禁止する行為」と解されてきています（芦部『憲法［第８版］』217頁参照）。

日本国憲法21条２項前段に「検閲は、これをしてはならない」と書かれ

ています。発表禁止までしなくても、意見を述べて修正を求め、事実上そのまま出版できなくさせる行為も広い意味での検閲に該当すると考えられます。

🅀　**裁判所が申立てに基づいて事前に出版等の差止命令を出すことは、検閲の禁止に当たらないのでしょうか。**

🅰　最高裁判所は、公共の利害に関わる事実の公表であっても、表現内容が真実ではなく、公益を図る目的でないことが明らかで、公表されると被害者に回復困難な損害が生じるおそれがあるときは、例外的に差し止めが許されると述べています。

🅀　**教科書の検定は、「検閲」に当たらないのでしょうか。**

🅰　学校で使う教科書については、いくつもの出版社があり、その中から選択できることになっていますが、文部科学省（文科省）の検定を受けた教科書を使うことが義務付けられています。これが憲法の検閲禁止に反するのではないかが争われた事件があります。教科書は、その性質上、教育の機会均等の確保、教育水準の維持向上、適切な教育内容の保障などから、その検定は検閲に当たらないし、出版自体を否定するものではないとして、最高裁判所は検閲には該当しないと判断しました。これに対しては、検定は思想内容にまで踏み込んでおり、教科書として採用されないと事実上出版が困難だとして、検閲に当たらないとは言えないというのが憲法学説では有力であるとされています。

　この訴訟で問題となったのは、日本史の教科書なのですが、もともと歴史というのは、主観的評価の介入は避けられないところがあります。米国史もネイティブアメリカン（インディアン）から見た場合と白人から見た場合と黒人から見た場合とでは、違った歴史の評価になるでしょう。日本史も、アイヌの人々や琉球の人々から見た歴史とそれぞれの時代の文字を持つ文化に属する人々によって書かれた文献資料に基づく歴史とでは、異なるものになるでしょう。何か一つの正しい歴史があるというわけではな

いということを念頭に置いて、私たちは歴史を学ぶ必要があります。私たちが使っている教科書は、文科省の検定を受けた一つの教科書であり、異なる歴史の見方もあるのだということも頭に入れておくことが必要です。

　子どもたちに歴史学者が共有している基本的な史実を教えるため、ある程度の検定は必要ですが、客観的な歴史を確定することは不可能であり、いくつかの見方があることを知っておくことも大切なことではないかと思います。

Q026　通信の秘密とは何ですか

Ｑ　「通信の秘密」とは、何を指しているのでしょうか。

Ａ　日本国憲法21条2項後段に「通信の秘密は、これを侵してはならない。」と書かれています。明治憲法に「日本臣民ハ法律ニ定メタル場合ヲ除ク外信書ノ秘密ヲ侵サルヽコトナシ」（明治憲法26条）という、これに似た条文がありました。明治憲法で「信書」の秘密とされたものは、日本国憲法では「通信」の秘密になっており、法律の定めた場合を除くという規定もなくなりました。

　「通信」の中には、はがきや手紙などの信書のほか、電話や電信などによるあらゆる通信手段が含まれると解されています。これは、国民一人ひとりの私生活の自由、プライバシーを保護するために必要不可欠なものです。信書をその人にだけ読んでほしいときに封筒の表に［親展］と書くのも信書の秘密です。

Ｑ　**通信傍受法は、「通信の秘密」と関係があるのですか。**

Ａ　通信傍受法は、正式には「犯罪捜査のための通信傍受に関する法律」といいます。これは、「組織的な犯罪が平穏かつ健全な社会生活を著しく害していることにかんがみ、数人の共謀によって実行される組織的な殺人、

薬物及び銃器の不正取引に係る犯罪等の重大犯罪において、犯人間の相互連絡等に用いられる電話その他の電気通信の傍受を行わなければ事案の真相を解明することが著しく困難な場合が増加する状況にあることを踏まえ、これに適切に対処するため犯罪者集団が犯罪を実行する連絡を取り合うのを傍受する」（同法1条）という目的の法律です。これが、憲法で保障された通信の秘密を侵すのではないかということが議論されています。

　この法律の目的自体は正しくても、目的以外の通信傍受にも使われるのではないか、あるいは、条文自体は、限定されていても、その運用において拡大解釈がされて、法律で決められた犯罪に関与していない国民の通信の秘密も侵害されるのではないかということが問題になるのです。憲法上の権利を制限する場合には、基準が明確であること、他に取り得る手段がないこと、その制限によって被る不利益よりも制限することによって得られる利益が上回ることなど、その目的を達する上で最低限度必要な範囲に限ることが求められます。憲法上の権利を制限する法律を作る場合には、こうした点について慎重に検討する必要があります。

　特に2016年の改正により、2019年から、通信事業者の立会なくして警察署でも傍受ができるようになり、また、対象となる犯罪も、刑法犯の7割を占める窃盗などにも拡大され、飛躍的に傍受件数も増加しています。年齢も性別も問いません。そのため、弁護士会などでは、本来の目的を超えて実施されないよう、第三者的監視機関の設置などを求めています。

Q027　海外事業者からの通信の秘密とは何ですか

Q　海外機関から国内の通信の秘密をどうすれば守れるのでしょうか。

A　最近、海外のアプリについての危険性が指摘され、問題になっていますね。どのようなことかというと、大手の通信業者が個人の大量のデータを

取得し、これを利用しています。そのため、電気通信事業法では、電気通信事業者の通信の秘密を侵してはならず（同法4条1項）、電気通信事業に従事する者は、在職中に知り得た他人の秘密を守らなければならず、退職後も同様である（同条2項）と規定し、違反した場合には罰則が設けられています（同法179条）。

しかし、これは日本国内についてであり、いわゆるGAFA（グーグル、アマゾン、フェイスブック、アップル）など海外のプラットフォーマーには及びません。皆さんのパソコンやスマートフォンにも、GAFAのソフトはたくさん入っていると思いますし、一応個人情報を利用することについて同意をして使っている人が多いでしょう。しかし、実際にそれらの個人情報がどこでどのように利用され、かつ、漏えいがないかどうか、自分が許容する範囲を超えて個人情報が流れていないかなど、皆さんはチェックできていますか。今もあなたの知らないところで、あなたの個人情報が独り歩きしているかもしれません。

Ⓠ　具体的には、どのような危険があるのでしょうか。

Ⓐ　これらのプラットフォーマーは、サイトの管理者として個人情報を手にしており、この個人情報の利用について、日本の法律が及びませんから、国内でのコントロールができません。GAFA等の海外事業者については、これまでにいくつかの情報漏えいが報告されています。例えば、2021年3月、通信アプリの大手であるLINEの日本国内の個人の利用者情報が中国や韓国の業者に漏えいしていたことが問題になりました。

Ⓠ　政府は、どのような対策を立てているのでしょうか。

Ⓐ　総務省では、一定の電気通信事業者に対し、特定利用者情報の保護を義務付ける整備を行いました（電気通信事業法の一部改正、2023年6月16日施行）。「特定利用者情報」というのは、電気通信役務に関して取得する利用者に関する情報であって、①通信の秘密に該当する情報または、②利用者を識別することができる情報であって総務省令で定めるもの（以下「利

用者識別情報」といいます）と定義されています（電気通信事業法改正法27条の5）。通信の秘密の保護対象には、個別の通信にかかる通信内容のほか、個別の通信にかかる通信の日時、場所、通信当事者の氏名、住所・居所、電話番号などの当事者の識別符号、通信回数等これらの事項を知られることによって通信の意味内容を推知されるような事項すべてが含まれると解されています。

　通信の秘密は、憲法上の権利だとされながらも、現代社会では、こうしたプラットフォーマーを通じて、世界中に一気にプライベートな個人情報が拡散される状態にあるということを知っておく必要があります。アプリをインストールして、個人情報の収集に同意をする場合には、どの範囲でどのような情報が伝わるのかということには注意することが必要です。

第10章　経済的自由権

Q028　経済的自由権とは何ですか

🅠　自由権のうち、「経済的自由権」には、どのようなものがあるのでしょうか。

🅐　憲法の規定する自由権のうち、職業選択の自由、居住・移転の自由、財産権を総称して「経済的自由権」と呼んでいます。

🅠　どの仕事を選ぶにもどこに住むのも買ったものを所有するのも自由だというのは当然だと思うのですが、どうしてそれが憲法上の権利になったのですか。

🅐　これら3つの自由が問題になったのは、Feudalism（封建制）と呼ばれる支配形態がとられていた時代です。その時代の西欧には、教皇・皇帝・

国王などと封建領主とがおり、その下に家臣がおり、農民を中心とする民衆を支配し、職業を選ぶ自由とか領地から離れて自由に移動できる自由などなく、自分の開墾した土地や農作物を排他的に取得する権利（所有権）も保障されていなかったのです。そのため、市民革命を経て近代的市民が誕生した際、まず求めたのは、都市に出て自由に職業を選び、好きな場所に居住をして生活をし、労働により、あるいは資本投下により入手した財産を排他的に支配する、そのような経済的な自由であったわけですね。これらの自由があって初めて経済的基盤、生きていく基盤を形成できるわけですから、近代社会の成立においては不可欠な人権として理解されていたのです。今では、これを国家が規制できないというのも当然のことになりました。その反面、現代では、別の問題が生まれています。

Ⓠ 例えば、どのようなことですか。

Ⓐ 社会が複雑化してくると、特定の職業を遂行するためには、一定の知識、能力、経験が必要となってきますよね。そうすると、誰でも自由になれる職業というのは、逆に限られてきます。

また、本来、海外渡航、国籍の離脱は自由だとしても、渡航先の国が受け入れてくれないと、その自由はないわけです。

財産権の保障についても、空き家のまま放置したままでよいのか、環境を害する物質を自由に排出してよいのかなど、様々な環境問題などが生じています。

このように、経済的自由権については、精神的自由権と異なり、時代の変化によって、そのままの形でただ自由を保障するだけでは足りない問題が生じています。改めて、現代社会においてふさわしい人権の在り方を考えていく必要性が生じているのです。

Q029　居住・移転・職業選択の自由とは何ですか

Ⓠ　**居住・移転・職業選択の自由とは、何でしょうか。**

Ⓐ　今では、どこに住むのも、どのような仕事を選ぶのも自由だというのが当たり前になっていますが、近代国家が誕生する以前には、そのような自由は制限を受けていました。しかし、近代国家においては、多くの農民が都市部において労働者として稼働することが求められ、どこに住むのも、どこに移転するのも自由であり、どのような職業を選択するのかも自らの意思で決めることができるようになってきたのです。

Ⓠ　**日本国憲法22条１項では「何人も、公共の福祉に反しない限り、居住、移転及び職業選択の自由を有する。」としていますが、居住、移転、職業選択の自由が公共の福祉に反する場合というのは、どのような場合ですか。**

Ⓐ　条文を読むと、精神的自由権にはなかった「公共の福祉に反しない限り」という文言がついていますね。つまり、精神的自由権と比べて、公共の福祉を理由とする制限を、より緩やかに認めることができると解されているのです。

　現代の日本社会では、基本的に、どこに住むのも、どこに移動するのも自由だとされていますが、例えば、2019年末に発生した新型コロナウイルス感染症（COVID-19）の流行の際には、自由な移動を認めると、新型コロナウイルスが拡散するとして、行動制限がされました。これは、新型インフルエンザ等対策特別措置法という法律による制限です。自由な行動がインフルエンザ等の感染症を拡大させるおそれがある場合、公共の福祉のためにこれを制限する合理的な理由があるとして行われたものです。ただし、これは罰則を伴う命令ではなく、事業者及び国民は、新型インフルエンザ等対策に協力するよう努めなければならない（同法４条１項）など、努力義務とされています。国によっては外出禁止命令を出したり、ロック

ダウンしたりして、従わない場合は処罰するという制限をかけるなどしています。しかし、日本では、比較的緩やかな規制になっていました。憲法上の自由を制限するものですから、その制限は必要かつ合理的なものにする必要があります。

　行動制限が課せられる場合として、保釈時の居所指定（刑事訴訟法95条）があります。罪を犯した疑いのある場合でも、居住、移転の自由がありますから、身柄の拘束をするためには公共の福祉を理由とする制限があります。罪を犯した疑いのある者を拘束する（勾留と言います）ためには、住居不定、証拠隠滅のおそれ、逃亡のおそれのいずれかが必要です（同法60条）。しかし、その必要がなくなれば保釈することを求め、身柄の拘束を解くことができます。その場合、身柄の拘束を解かれますが、居住場所を指定される場合があります。公判廷への出頭の確保や罪証隠滅の防止という合理的な目的のために必要があれば、その居所指定は合理性があるものと考えられています。

　営業をする自由も、広く職業選択の自由に含まれますから、その制限は憲法上の権利の制限ということになります。新型インフルエンザ等対策特別措置法24条9項による、午後8時以降の営業を禁止するというのも、協力する努力義務の範囲であれば許容できるとしても、制限される側からすると死活問題であり、相当強い公共の福祉の要請が必要です。また、制限が許されるとしても、営業が制限され、経済的損失が生じる場合には、日本国憲法29条の財産権の保障に準じて、制限を受けることによって被った損失について補償をしなければ憲法に違反するという場合もあり得ます。特に2019年末からの新型コロナウイルス感染症（COVID-19）の流行による災難や危機的状況のように、すべての職業で同じような制限が生じる場合には、仕方がないとしても、特定の職業（例えば、飲食店など）のみに制限が課せられるような場合には、不公平にならないような措置が講ぜられる必要があります。

Q030　外国移住、国籍離脱の自由とは何ですか

Q 外国への移住、日本の国籍から離脱は、実際に自由なのでしょうか。

A はい、それを定めたのが日本国憲法22条2項です。同項で「何人も、外国に移住し、又は国籍を離脱する自由を侵されない。」と規定しています。お気づきのように、同条1項と異なり、「公共の福祉に反しない限り」という制限は憲法の文言上はありません。しかし、1項同様、公共の福祉による制限を受けると解されています。

Q 未成年者にも、外国移住、国籍離脱の自由があるのですか。

A 「何人も」とあるように、未成年者にも外国に移住したり、国籍を離脱する自由があります。ただし、未成年者の場合（18歳の誕生日前日までは）、親（親権者）に居所指定権があります（民法822条）から、親権者の意思に反して、海外に移住し、また、国籍を離脱することはできません。

Q それでは、海外渡航はどうでしょうか。海外旅行に行くことは憲法上の権利なのでしょうか。

A 多くの学者及び裁判所は、海外旅行に行くことも、日本国憲法22条2項に含まれると解しています。

Q 海外渡航の自由は、どのような場合に制限できますか。

A 海外旅行に行く場合、旅券（パスポート）が必要ですが、これも憲法上の権利ですから、生まれて間もない赤ちゃんでも海外渡航の権利があります。したがって、パスポートを作ることができます。

　　ただし、重大な罪を犯して裁判中の人など一定の事由がある人については、旅券の発行をしないことができます（旅券法13条1項）。なお、「著しく、かつ、直接に日本国の利益又は公安を害する行為を行うおそれがあると認めるに足りる相当の理由がある者」（同項七号）についても旅券の発給をしないことができるとされ、その点が問題になったことがあります。

裁判所はこれを合憲としましたが、この「日本国の利益又は公安を害する行為を行うおそれ」とは何かというのがあいまいであるという批判があります。憲法学者の中では、海外渡航の自由というのは、精神的自由の側面も持っており、明確性の原則（人権を侵害する方向で作用する法律は、それによって萎縮効果を生じないよう、また誤って不利益を受ける者の生じないように、明確に規定されなくてはならないとする原則）から、もっとはっきりした基準で規定をすべきであるというのです。

　国籍離脱も自由です。しかし、無国籍になると、どの国の保護も受けることができなくなるので、外国の国籍を取得しているか、取得したことが必要になります（国籍法11条１項）。国籍があるということは、その国の保護を受けるということを意味しています。海外に行っても、日本国は日本国民を守る義務があります。そのため、海外には大使館、公使館、領事館などの日本の役所を置いています。パスポートを失くしたときは、すぐに大使館等に赴いて再発行してもらうことが必要です。海外では、パスポートが日本人であることの唯一の証明書です。くれぐれも紛失しないよう気を付けましょう。

Q031　財産権の保障とは何ですか

Ｑ　財産権の保障とは、何でしょうか。

Ａ　財産権については、日本国憲法29条１項が規定をしています。この規定は、財産の私的所有という制度を保障するという制度的な意味と個々人が具体的に所有している財産に対する権利を守るという２つの意味があると言われています。

　日本国憲法29条１項は、「財産権は、これを侵してはならない。」と定め、その２項では、「財産権の内容は、公共の福祉に適合するやうに、法律で

これを定める。」としています。また、同条3項は、「私有財産は、正当な補償の下に、これを公共のために用ひることができる。」としています。

Ｑ 財産権は、公共の福祉によって、どこまで制限できるのですか。

Ａ 最高裁判所は、その点について、次のように判示しています。「財産権に対する規制を必要とする社会的理由ないし目的も、社会公共の便宜の促進、経済的弱者の保護等の社会政策及び経済政策に基づくものから、社会生活における安全の保障や秩序の維持等を図るものまで多岐にわたる」とし、公共の福祉に適合するものとして是認されるかどうかは、「規制の目的、必要性、内容、その規制によって制限される財産の種類、性質及び制限の程度等を比較考量して判断すべきものである」としています。

最近、ごみ屋敷（ごみが野積みの状態で放置された、ごみ集積所ではない主として居住用の建物もしくは土地のこと）が近隣に迷惑をかけたり、所有者不明の土地建物が放置され、周囲に悪影響を及ぼすという事例がしばしば報道されています。その際に所有権があるから誰も手を出せないと言われています。しかし、そもそも土地というのは、人類が誕生する以前から存在しており、所有権は絶対で永遠の権利だという理屈は、地球環境自体が脅かされる現代社会では既に失われつつあります。地球上の土地は限られており、将来の子供たちにも残していかなければならないものです。これをきちんと管理できないのであれば、公共の福祉のために多少の制限を受けてもやむを得ないと考えられるわけです。そこで、2018年に所有者不明土地の利用の円滑化等に関する特別措置法（法律第49号）が成立し、公共の福祉のための制限規定が設けられました。

なお、日本国憲法29条3項の私有財産を「公共のために用いる」というのは、正当な補償をすれば、公共のために使ってよいということを意味しています。そこから、ダムを造る、道路を作るとして、そこに居住する住民が、立ち退きを求められる場合があります。その場合、一定の補償の下で、強制的に所有権を取り上げることもあり得ます。そのようなケースの

場合、そもそもそこにダムや道路を作る必要があるのか、公共のためにと言えるのかというような問題、また、正当な補償というが、どこまで賠償すれば正当と言えるのかというような問題が生じることもあります。そのようなケースでは、権利を制限することによって得られるものと制限されることで失うもののバランスが大切であると考えられています。

Q032　近代的な所有権の起源は何ですか

Ⓠ　所有権というのは、いつどのようにして生まれたのですか。

Ⓐ　近代以前の社会では、個人が私的に土地を所有するという観念は希薄であり、西欧近代社会になって、初めて「所有権」という概念が生まれてきました。

　17世紀の哲学者であるジョン・ロック（1632～1704／英国）は、『統治二論（市民政府二論）』（アメリカ独立宣言、フランス人権宣言及び古典的自由主義の思想に大きな影響を与えたと言われる書物）の「所有権」の項目中で、次のように述べています。「自然は神が人類に与えたものであり、すべて人類の共有である。これがなぜ私的所有の対象になるのか。まず、自分の身体を考えよう。自然のものとは言え、彼の身体は彼自身のものである。その身体の労働、彼の手の働きも、まさしく彼のものである。そこで彼が自然が備えそこにそれを残しておいたその状態から取り出すものはなんでも、彼が自分の労働を混えたのであり、そうして彼自身のものである何物かをそれに附加えたのであって、このようにしてそれは彼の所有となるのである。」。

　また、18世紀のフランスの思想家ジャン・ジャック・ルソー（1712～1778）は、その著書『エミール』の中で、次のように述べています。ルソーは少年エミールを畑に連れて行って、空豆を育てさせる、そして、その

空豆は、君のものだと伝え、そのことを説明した上で「君がその土地に時間を、労働を、労苦を、つまりその身を費やしたことによって、その土地には君自身に属するなにものかがある、相手が誰であっても君は断固としてそれを要求できる。それは、ちょうど、君がいやがるのを引きとどめようとする他人の手から自分の腕を引き抜くことができるのと同じだ。」と告げます。

　つまり、一所懸命汗水流して作り上げた作物は、そこに自分の身体を使って労働を投下した者に帰属する。つまり、物・権利などが、労働をした人のものになる。その作物を取得するのは、自分の腕を引き抜くのと同じであり、したがって、排他的に私的所有の対象になるのであり、生命、身体と同じ絶対的な権利なのだと説明します。財産を意味するpropertyというのは、ラテン語のpropriusに由来するもので、固有性を意味しています。労働によって作り出した固有のものだから、その個人にその財産（property）は帰属し、誰に対しても、その権利を主張できるというわけです。

🅠　**では、汗水流して何かを作れば、それは自分のものになるのでしょうか。**

🅐　いえ、資本主義制度の下では、実際に労働を費やした者に生産物が帰属せず、資本家の所有になります。そこから、カール・マルクス（1818〜1883／ドイツの経済学者・哲学者・革命家、『資本論』の著者）は、これを搾取（搾り取る）と呼び、批判をしたのです。なぜ生産物が働いた者に帰属せず、働かないでいる者に帰属するのかという疑問から、搾取のない世界を作るという運動が起きてきたのは、このような背景事情があるからです。ちなみに、その後、価値は、労働（労働価値説）ではなく、消費者の満足度によって決まる（効用価値説）という考え方になり、所有と労働とが切断されました。そのため、所有権の根拠となる事実はなくなり、「悪魔の証明」と呼ばれるようになりました。つまり、具体的な事実によっては所有権を証明することはできないものになったのです。

第11章　人身の自由

Q033　身体的自由権（人身の自由）とは何ですか

Q　「身体的自由権（人身の自由）」というのは、何ですか。

A　「身体的自由権（人身の自由）」というのは、みだりに身体を拘束されない自由ということです。日本国憲法は、身体的自由権（人身の自由）を保障する規定をいくつか置いています。まず、日本国憲法18条で「何人も、いかなる奴隷的拘束も受けない。又、犯罪による処罰の場合を除いては、その意に反する苦役に服させられない。」と規定しています。さらに、生命、自由の保障と科刑の制約（同法31条）、裁判を受ける権利（同法32条）、逮捕の制約（同法33条）、抑留及び拘禁の制約（同法34条）、侵入、捜索及び押収の制約（同法35条）、拷問及び残虐な刑罰の禁止（同法36条）、刑事被告人の権利（同法37条）、自白強要の禁止と自白の証拠能力の限界（同法38条）、遡及処罰、二重処罰等の禁止（同法39条）、刑事補償（同法40条）と続きます。これらは、広い意味で身体的自由権（人身の自由）を保障する条項です。

Q　日本国憲法18条の「奴隷的拘束」とは何ですか。

A　「奴隷的拘束」というのは、人格の自由を否定するような仕方で自由を拘束することです。合意に基づくものでも禁止されます。例えば、終日、部屋に閉じ込め、十分な食料も与えず、重労働に従事させるようなことは、仮に同意があり、賃金が支払われても、奴隷的拘束に該当します。奴隷的ではなくても、本人の承諾なく「苦役」に従事させることも許されません。ただし、「犯罪による処罰の場合」は、その意に反しても、労働に従事させることができます。

Ⓠ　**未成年者の場合はどうですか。**

Ⓐ　本人の同意があっても「苦役」に従事させることはできず、中学生のアルバイトは禁止されています（労働基準法56条1項）。ただし、一定の危険でない仕事で、健康・福祉に有害ではなく、軽易なものについては、授業時間以外に働くことが認められています（同条2項）。

Ⓠ　**徴兵制を敷いて軍事に従事させることは、日本国憲法18条に違反しますか。**

Ⓐ　徴兵制というのは、志願兵制の対立概念で、法令（法律又は行政府の命令）により兵役に就くことを義務付ける制度です。憲法学者は、日本国憲法18条に反すると解釈しているようです。

　　なお、安倍晋三首相（当時）の参議院議長に対する2015年7月3日付け答弁書では、「徴兵制度とは、国民をして兵役に服する義務を強制的に負わせる国民皆兵制度であって、軍隊を常設し、これに要する兵員を毎年徴集し、一定期間訓練して、新陳交代させ、戦時編制の要員として備えるものをいうと理解している。このような徴兵制度は、我が憲法の秩序の下では、社会の構成員が社会生活を営むについて、公共の福祉に照らし当然に負担すべきものとして社会的に認められるようなものでないのに、兵役といわれる役務の提供を義務として課されるという点にその本質があり、平時であると有事であるとを問わず、憲法第13条、第18条などの規定の趣旨からみて、許容されない。」としています。

Q034　適正手続とは何ですか

Ⓠ　**「適正手続」とは、どういうことですか。**

Ⓐ　「適正手続」とは、主に刑事司法において、その手続が適正でなければならないとする考え方です。日本国憲法31条は、「何人も、法律の定める

手続によらなければ、その生命若しくは自由を奪はれ、又はその他の刑罰を科せられない。」と規定しています。これは、米国のdue process条項と呼ばれているもので、身体的自由権（人身の自由）を確保するための基本的条項です。適正な手続によらないと刑罰を科してはいけないのです。

また、手続が適正であれば、刑罰の内容は適正でなくてもよいということではなく、刑罰となる実体法規（例えば、「他人の財物を窃取した者は、窃盗の罪とし、10年以下の懲役又は50万円以下の罰金に処する。」というような刑罰法令の内容）も適正でなければならないことは当然のことであり、本条にはその趣旨も含まれるというのが憲法学者の多くの考え方です。

適正手続として、しばしば問題になるのは、告知と聴聞の手続です。公権力が国民に刑罰その他の不利益を科す場合には、当事者にあらかじめその内容を告知し、弁解と防御の機会を与えなければなりません。刑事司法手続では、検察官が起訴状を朗読し、その後、裁判官は被告人に対し、黙秘権（自己に不利益な事実について黙っている権利）を告知し、その上で起訴状に記載された公訴事実を認めるかどうかを尋ねます。また、被告人に対する質問でも被告人に弁解の機会を与える手続になっています。

それでは、刑事処分ではなく、行政手続として懲戒処分をする場合はどうでしょうか。誰かに何らかの不利益を科する場合には、どのような事実の存在を前提としてどのような処分を科するのかについてきちんと伝えてその弁解の機会を与えることが必要です。日本国憲法31条には、刑罰を科する場合を念頭においていますので、これがどこまで行政手続に及ぶのかについては争いがあります。しかし、直接憲法に抵触するかは別として、適正な手続は誰かが誰かに何らかの不利益処分を科す場合、当然に守るべき社会的ルールだと考える必要があります。

例えば、学校内でいじめがあったという場合も、「お前、いじめただろう」と詰問するのではなく、具体的にいつどこで何をしたのかをいじめたと疑われている生徒に告知し、その事実があるのかどうかについて、直接

反論する機会を与え、争いがある場合には、その事実を認定できるだけの証拠があるのかを確認し、事実を確定することが必要です。また、その動機や経過を明らかにし、全体像を解明した上で、その行為に見合った対応をする必要があります。刑事裁判手続は、適正な事実認定及び認定された事実とバランスのとれた量刑を行うことが必要です。十分に言い分を聞いてもらえなかったり、また、行った行為と不利益処分とのバランスを欠いていると、正常な感覚の持主は理不尽に感じます。「言い訳は聞かん」という対応をされると、何を言っても無駄だ、聞いてもらえないと受け取ります。それでは適正な教育はできません。適正手続保障の条項は、適正手続はお互いに守るべきルールだということを教えているのです。

Q035　被疑者の権利とは何ですか①―逮捕

Q　「被疑者の権利」と言いますが、どのような場合に被疑者になるのですか。

A　被疑者というのは、何らかの罪を犯した疑いがあるとして、捜査の対象となった者で、裁判に掛けられる前（公訴提起前）の段階の者を指しています。テレビや新聞などでは、容疑者とも言います。起訴（検察官から裁判所への公訴提起）がされると、「被疑者」から「被告人」になります。テレビ等では被告と呼ぶため、民事裁判で訴えられた側を被告と呼ぶと嫌がる人がいますが、刑事事件として訴えられた者は被告ではなく、被告人です。

Q　どのような場合に逮捕できるのですか。

A　任意の捜査では、逃亡したり、証拠を隠したりするおそれがある場合、警察は、被疑者を逮捕して強制捜査に切り替えます。しかし、警察官の勘だけで逮捕を認めるのは危険ですから、日本国憲法33条は、「何人も、現

行犯として逮捕される場合を除いては、権限を有する司法官憲が発し、且つ理由となつてゐる犯罪を明示する令状によらなければ、逮捕されない。」と規定しています。「権限を有する司法官憲」というのは裁判官のことです。警察官は、その事件の被疑事実と証拠を裁判所に提出して逮捕状の発布を求めます。裁判官は、証拠資料を検討し、罪を犯したと疑うに足りる相当の理由がある場合には逮捕状を発布します。逮捕するだけの客観的証拠が揃わない場合には、裁判官は逮捕状請求を却下します。逮捕状がなければ、原則として、逮捕はできません。

Ｑ　逮捕状がなくても逮捕できるのは、どのような場合ですか。

Ａ　現行犯とこれに準じる場合（準現行犯）には、犯罪行為及び直後の状況が現認されているので、警察官だけではなく、一般の人でも逮捕できます。例えば、痴漢の被害に遭えば、その手を掴まえて大きな声で「逮捕する」と言って逮捕できます。万引きし、店から逃げようとする犯人を店員さんが窃盗の現行犯として必要があれば逮捕することもできます。それとの関係で問題になるのは緊急逮捕です。一定の重大な罪を犯したと疑うに足りる十分な理由がある場合であって、逮捕状を請求するゆとりがないときは、警察官（司法警察職員）は逮捕することが認められています。その場合、直ちに裁判官に令状を請求しなければなりません（刑事訴訟法210条）。後出しではありますが、令状が出れば、日本国憲法33条１項に違反しているとまでは言えないと解釈されています。

Ｑ　裁判官の逮捕状があれば、誰でも逮捕できるのですか。

Ａ　原則的に逮捕状の許す期間においては、逮捕できます。ただし、国会議員には、法律の定める場合を除いては、会期中は逮捕されないという不逮捕特権というのがあります（日本国憲法50条）。これは、国王が議会の反対派を排除するため議員を逮捕するのを防ぐなど、議会の自立性と議員を守るために生まれたという歴史のある規定です。

　なお、国会法は、議院の許諾があれば、会期中でも逮捕ができると定め

ています。最近では、元法務大臣が国会の会期終了の翌日に東京地検特捜部に逮捕されたこと（2020年6月）や、国会に出席せず、謝罪を求められても日本に戻らなかったとして除名処分を受けた国会議員の逮捕状が除名直後にとられたこと（2023年4月）が思い浮かぶと思います。

Q036　被疑者の権利とは何ですか②―弁護人依頼権

Ｑ　**弁護人依頼権とは何ですか。**

Ａ　弁護人依頼権というのは、被疑者または被告人が弁護士に依頼をする権利のことです。被疑者の権利として、日本国憲法34条では、「何人も、理由を直ちに告げられ、且つ、直ちに弁護人に依頼する権利を与へられなければ、抑留又は拘禁されない。又、何人も、正当な理由がなければ、拘禁されず、要求があれば、直ちに本人及びその弁護人の出席する公開の法廷で示さなければならない。」と規定されています。

　「抑留」というのは2～3日程度の短期間の身柄の拘束を言い、「拘禁」というのは1週間ないし10日以上にわたる長期間の身柄の拘束を指しています。刑事訴訟法の制度としては、逮捕が抑留、勾留が拘禁に相当します。すなわち、被疑者を逮捕した場合、原則として、検察官又は司法警察員等は、72時間以内に勾留を請求するか釈放するかを決める必要があります。そして、逮捕後引き続き身柄を留置する必要がある場合には、検察官は裁判所に勾留の請求をします。勾留の期間は原則として10日間ですが、さらに延長して最長20日間まで可能です。その間に起訴するか、釈放するかを決めなければなりません。起訴されれば、先に述べたとおり、その後は、被疑者から被告人になり、保釈されない限り、身柄の拘束は続きます。逮捕、勾留のいずれの場合でも、弁護人選任権を被疑者に告げる必要があります。

Ⓠ　でも、「弁護人を頼めるよ」と言われても知り合いに弁護士がいないと頼めないし、お金がないと頼めないですよね。

Ⓐ　そうですね。実際、「弁護士を依頼する権利があります」と言われても、知っている弁護士がいない、お金がないなどの事情があると、なかなか頼むことはできませんよね。起訴後の刑事被告人については、後に述べるように国選弁護制度を日本国憲法37条が保障しています。また、起訴される前の被疑者の国選弁護人については、「死刑又は無期若しくは短期1年以上の懲役若しくは禁固にあたる事件」について勾留状が発せられている場合に限定されていました。これに対し、弁護士会の要請もあって、その範囲が拡張され、勾留状が発せられているすべての被疑者について、貧困等の理由により弁護士を依頼できないときは、国選の弁護人を請求できることになりました（刑事訴訟法37条の2）。

　なお、弁護士会では、当番弁護士制度を作っており、逮捕された場合、被疑者またはその親族の要請で、当番の弁護士が被疑者と1回だけ無料で接見（面会してアドバイスを受けること）ができるようになっています。中学生や高校生など未成年者の場合でも、補導にとどまらず、逮捕されることもあります。また、誤認逮捕もあり得ます。そのときは、「当番弁護士を呼んでください。」と警察の人に伝えましょう。一度だけですが、無料で相談に乗ってくれます。その後勾留になれば、国選弁護人を依頼することも可能です。国民は主権者なのですから、自分の身は自分で守るという自覚を持つことが大切です。

Q037　被疑者の権利とは何ですか③—侵入・捜索・差押

Ⓠ　職務質問された際に、バッグの中を開けろと言われたら開けないといけないのですか。

A　警察官は、異常な挙動その他周囲の事情から合理的に判断して何らかの犯罪を犯し、若しくは犯そうとしていると疑うに足りる相当な理由のある者又は既に行われた犯罪について、若しくは犯罪が行われようとしていることについて知っていると認められる者を停止させて質問することができるとされています（警察官職務執行法２条１項）。また、その場で質問することが本人に不利であり、又は、交通の妨害になると認められる場合には、付近の警察署などに同行を求めることができます（同条２項）。さらに、同条３項では、「前２項に規定する者は、刑事訴訟に関する法律の規定によらない限り、身柄を拘束され、又はその意に反して警察署、派出所若しくは駐在所に連行され、若しくは答弁を強要されることはない。」とされています。つまり、上記の要件があれば質問をすることはできますが、刑訴法等の規定によらない限り、身体の拘束、連行、答弁を強要される義務まであるわけではありません。また、誰かが勝手に家の中に入ってくれば、それは住居侵入、家宅侵入ということで犯罪になります。住居は人間が生活をする場であり、最もプライバシーが重視される場所です。また持ち歩いている物でも他人には見られたくないもの、持っていることを知られたくない物もあります。したがって、何らかの罪の疑いを掛けられた場合でも、その住居、書類及び所持品について、侵入、捜索及び押収を受けることのない権利は、日本国憲法33条（逮捕）の場合を除いては、正当な理由に基づいて発せられ、且つ捜索する場所及び押収する物を明示する令状がなければ侵されない（日本国憲法35条１項）と定められています。

もし、自宅に警察官が入ろうとすれば、令状を示すよう求めることができます。捜索差押令状がない限り、無断で立ち入ることはできません。また、書類や所持品についても、令状なくして捜索、押収を受けることもありません。これは何人も有する個人のプライバシーに関する権利です。

Q　学校で、先生が生徒の所持品検査を行うことがありますが、これは行ってもいいのですか。

Ⓐ 教育現場でも、この基本的なプライバシーの権利は尊重されなければなりません。先生が生徒の衣服や所持品について捜索、押収するには、合理的な理由に基づいて、かつ、本人の同意の下で、相当な方法により行う必要があります。ただし、銃器、刀剣類など危険な物を学内に持ち込むのを防止するため、必要がある場合には、施設管理権（施設の管理者が所有する施設を包括的に管理する権利・権限のこと）に基づいて、手荷物検査等を実施することは許されるでしょう。校則に違反をする物の持ち込みについては、その持込みを制限する合理的な理由がある場合に、一時的にその物を責任を持って預かることは許されるでしょう。しかし、基本は、同意を得ない侵入、捜索、押収は、令状がない限り、違法であり、何人もこれを甘受する理由がないという原則を確認することが大切です。その上で、学校内の安全で円滑な教育の実施のため、必要がある場合には、生徒との意思疎通を図りながら、可能な限り、本人の同意を得た上で行うことが大切です。

　なお、「捜索又は押収は、権限を有する司法官憲が発する格別の令状により、これを行ふ。」（日本国憲法35条2項）とされており、通常、捜索する箇所ごとに異なる令状を発布しています。また、他人の自動車に無断でGPS端末を取り付け、位置情報を把握する捜査方法が問題となったことがあります。最高裁判所は、「合理的に推認される個人の意思に反してその私的領域に侵入する捜査手法であるGPS捜査は、個人の意思を制圧して憲法の保障する重要な法的利益を侵害する」として、日本国憲法35条1項の適用を認めています。

Q038　被告人の権利とは何ですか①─裁判を受ける権利

Ⓠ　どのような場合に被告人になるのでしょうか。

Ⓐ　罪を犯したとして裁判所に訴追（公訴提起）された人を「被告人」と言います。訴追される前の段階で罪を犯した疑いのある人は「被疑者」であり、被疑者が起訴されることにより被告人になります（Q035参照）。そして、有罪又は無罪の判決が確定することにより、被告人の地位は消滅します。禁固又は懲役刑に執行猶予が付けば、元の生活に戻ることができますが、禁固以上の実刑判決を受けると収監され、刑務所の「受刑者」になります。なお、少年法による保護処分を受ける場合には、被告人ではありませんが、未成年者でも刑事訴追を受ければ、被告人になります。そして、「被告人は、公平な裁判所の迅速な公開裁判を受ける権利を有する。」（日本国憲法37条１項）とされています。

Ⓠ　「公平な裁判所の迅速な公開裁判を受ける権利」というのは、どのような意味でしょうか。

Ⓐ　まずは、裁判を受けることなく処罰されることはないということです。その裁判も、「公平」「迅速」「公開」であることが必要です。「公平」というのは、構成その他において偏るおそれのない裁判所を指しています。

　例えば、裁判官が被害者の親戚であるなどの事情があれば、被害者側に偏った裁判を受けるおそれが生じます。そのような場合、「除斥」事由があるということで、別の裁判官に代わる必要があります。また、手続の公正さを失わせるような事情があり、偏った裁判がされる客観的なおそれがある場合、裁判官を「忌避」することができます。「忌避」というのは裁判手続から外れるということです。「忌避」された場合、その忌避に理由があるかどうかが判断されることになります。当該裁判官の訴訟指揮が偏っているというような事情は「忌避」の理由にはなりません。また、裁判官自身が公平な裁判をすることを疑われるおそれがあると判断して自分自身で他の裁判官に代わってもらうことがあります。これを「回避」と言います。要するに、裁判官は、国民からみて、不公平な裁判だと疑われないようにする必要があるということです（なお、民事訴訟法及び刑事訴訟法

では、裁判所書記官等にも準用されています)。

Ｑ 「迅速」「公開」とは何ですか。

Ａ 「迅速」というのは、起訴されて、長い間、被告人の地位に立ち続けさせることは、それだけで人権侵害になるおそれがあり、速やかに判断をする必要があるということです。また、「公開」というのは、密室で裁判をすることは裁判を受ける権利の侵害になるので許されないということです。審理の途中の公判手続も、判決を言い渡す手続も、公開の法廷で行う必要があります。刑事裁判は、国民に公開して誰でも傍聴ができる状態にすることで適正な裁判が行われるという考え方に基づいています。したがって、誰もが自由に法廷の傍聴に赴き、国民の一人として、適正な裁判がされているかどうかを監視することができます。ただし、写真撮影、録音などはできません。傍聴席に座ったら静かに傍聴してください。手書きでメモをするのはかまいません。傍聴は誰でもできます。あらかじめ、中高生等が勉強のため傍聴したいと伝えておけば、裁判官が、時間に余裕があれば、審理後にいろいろ説明してくれるかもしれません。

Q039 被告人の権利とは何ですか②──証人審問権・喚問権・弁護人依頼権

Ｑ 「証人審問権」「証人喚問権」とは何ですか。

Ａ 「証人審問権」というのは、目撃者などに対し、証人として証言をしてもらう権利であり、「証人喚問権」は、証人として裁判所の法廷に出頭をしてもらう権利のことです。刑事被告人は、「すべての証人に対して審問する機会を充分に与へられ、又、公費で自己のために強制的手続により証人を求める権利を有する。」(日本国憲法37条2項) と定められています。

　例えば、自分はやっていないのに痴漢をしたということで起訴されたとしましょう。そして、痴漢をしたのを見たという証人が証言する場合には、

その証人に対して、「見間違えではないですか」などと質問をする機会が十分に与えられなければなりません。これが「証人審問権」です。また、同じ電車に乗っていて別の人が痴漢をしているのを見たという目撃者がいる場合、その人が記憶にあるとおり証言してくれれば自分の無罪を証明できる、そうした場合、その人に証人として出廷して証言してほしいと求めることができるのが「証人喚問権」です。証人審問権は、検察側証人として出頭した証人に対して反対尋問をする権利です。

Ⓠ　**証人としては法廷に呼ばないで、被告人が痴漢したのを目撃したということを供述した人の供述調書が証拠に出された場合はどうなるのでしょうか。**

Ⓐ　その場合には、供述調書は伝聞証拠なので、その供述調書を証拠にすることに同意をしないことができます。不同意の場合、その供述調書はそのままでは証拠として提出できませんから、証人として呼んで供述してもらうことになります。そして、その際に反対尋問をすることで、証人審問権は保障されることになります。

　　ただし、被告人がこの人を証人として呼んで聞いてくれと言えば、常に認められるということではなく、被告人の罪状を明らかにする上で必要であると認められる場合に限られますし、出頭を拒む目撃証人に対しどこまで強制的に喚問できるかとなると難しい場合もあります。

Ⓠ　**「弁護人依頼権」は、被疑者と被告人とで違いがあるのでしょうか。**

Ⓐ　「弁護人依頼権」とは、刑事事件における被疑者又は被告人が弁護人による弁護を受けることができるよう依頼する権利のことです。これは、起訴された被告人については、憲法で保障されていますが、起訴される前の被疑者の段階では、当然に保障されてはいません。つまり、日本国憲法37条3項は、「刑事被告人は、いかなる場合にも、資格を有する弁護人を依頼することができる。被告人が自らこれを依頼することができないときは、国でこれを附する。」と規定しています。これに基づいて、刑事被告人に

ついては、国選弁護制度が設けられています。これは憲法上の要請ですから、その費用は国が負担することになります。しかし、被疑者の場合は、憲法上、弁護人選任権があるわけではありません。そこで、日本弁護士連合会は、被疑者段階での国選弁護人制度の設置を求めてきました。その結果、刑事訴訟法において被疑者国選制度ができたことは先に述べたとおりです。

Q040　自白強要の禁止とは何ですか

Ｑ　「自白強要」の禁止とは、どのようなことですか。

Ａ　日本国憲法38条１項で「何人も、自己に不利益な供述を強要されない」と規定されています。つまり、自分に不利益な事実について質問をされても、回答しなくてもいいということです。これは、取調べや裁判の場などにおいて言いたくないことは言わなくてもよいという趣旨で、通常、黙秘権と呼ばれています。捜査機関側は、証拠を示して追求することはできますが、密室で「お前が犯人だろう、認めろ」などと強要すれば憲法違反になります。

　したがって、検察官や司法警察職員等は、犯罪捜査のため、被疑者の取調べをする際には、被疑者に対し、あらかじめ、自己の意思に反して供述をする必要がない旨を告げることが義務付けられています（刑事訴訟法198条２項）。また、裁判が始まり、検察官が起訴状を朗読した後、裁判長は、被告人に対し黙秘権がある旨を告げた上で、陳述する機会を与えなければなりません（同法291条４項）。

Ｑ　実際に強要して自白をさせた場合、その自白は証拠になるのでしょうか。

Ａ　強要された自白は、証拠として使うことができません。「強制、拷問若しくは脅迫による自白又は不当に長く抑留若しくは拘禁された後の自白は、

これを証拠とすることができない。」（日本国憲法38条2項）とされています。つまり、強要して得た自白には虚偽が入ることが多いことから、あらかじめ、証拠として用いることができないとされているのです。これを「任意性のない自白は証拠能力がなく、裁判の証拠には使えない」と言います。

Ｑ　でも、強要して自白したのかどうかは外からは分からないのではないですか。

Ａ　そうですね。担当警察官は「任意に自白した」と言い、被告人は「自白しないと一生外に出れないぞと脅かされたので怖くて自白した」と言った場合、どちらが正しいのかなかなか分かりませんよね。そこで、日本弁護士連合会は、取調べ状況を録音、録画するなどして可視化しておけば、はっきりするので、取り調べ状況を可視化するよう求めています。現在、一部の重大事件については導入されました（刑事訴訟法301条の2）が、大部分の事件については取り入れられていません。自白があると、客観的証拠が多少足りなくても有罪にできるので、捜査機関側としては、できれば自白を得たい。他方、被疑者は密室でお前が犯人だろうと責められると、犯人でなくても認めた方が楽だという理由で自白をしてしまうということも出てきます。この自白を得たいという考えが行き過ぎた自白の強要を招かないようにするための仕組みが必要とされているのです。なお、「何人も、自己に不利益な唯一の証拠が本人の自白である場合には、有罪とされ、又は刑罰を科せられない。」（日本国憲法38条3項）とされ、刑事訴訟法312条2項は、「被告人は、公判廷における自白であると否とを問わず、その自白が自己に不利益な唯一の証拠である場合には、有罪とされない。」とされています。自白に頼らず、できるだけ客観的証拠を集めることが必要とされているのです。

Q041 事後法の禁止とは何ですか

Q 「事後法」とは何ですか。

A 「事後法」とは、「実行のときには適法であった行為」に対して、後になって刑事責任を問うことを定める法令のことです。「事後法の禁止」とは、実行の時に適法であった行為について、その後に定められた法律に基づいて刑事責任を問うことを禁止する原則のことです。

　例えば、「道路にゴミを捨てた者は30万円以下の罰金に処する」という法律を新たに作り、過去に道路にゴミを捨てたことのある人に30万円の罰金を払えと言えるでしょうか。その人は、「そんな罰金刑があるんだったら道路にゴミを捨てなかった、後から法律を作って罰するなんておかしいだろう」と言いたくなるでしょう。つまり、「何人も、実行の時に適法であつた行為については、刑事上の責任を問はれない」（日本国憲法39条前段）と考える必要があります。仮に当該刑罰法令を遡及（過去にさかのぼらせること）させて施行日以前のゴミ捨て行為から処罰するという法律を国会で作っても、憲法39条に違反するので、その効力は否定されるということになります。

Q でも、法律ができても一般の人には分かりませんよね。

A はい。そのために法律には、公布の日（一般の人々に知らせる日）と施行の日（実際にその法律の適用が開始される日）が決められています。法には、2つの側面があり、一つは行為規範、もう一つは評価規範です。行為規範というのは、法が一定の行為を要求している場合、その法に従って人々が行動することで、社会秩序を維持するという側面です。

　今回の例では、人はその法律を知ることによって、今後、道路にゴミを捨てないようにしよう、処罰されないようにしようと考えます。これに対し、評価規範というのは、裁判になった場合、ある被告人のした行為が道

路にゴミを捨てる行為に該当するかどうかを判断し、その要件を充足して
いると判断できた場合、その法律効果として、30万円以下の罰金刑に処す
るという結論を導くものです。

　新たな法律が国会の議決により成立し、その公布により、国民一般が知
ることができる状態になったとして、それが多くの人々に周知されるまで
には時間がかかりますよね。そのため、国会で議決し、その法律を公布し
た日から、その法律が効力を生じる施行の日までには半年とか１年とか一
定の猶予期間を設けて、その間に政府もマスコミ等を通じて、このような
法ができましたということを国民に周知徹底させるのが普通なのです。そ
して、実際に施行されると、その後に道路にゴミを捨てた人は処罰される
ことになります。

Ⓠ　**例えば、「自分はしばらく海外に行っていたので、そういう法律ができ
たことは知らなかった」という場合は、仕方がないんじゃないですか。**

Ⓐ　残念ながら「法の不知は、これを許さず」という法格言（法律に関する
格言やことわざ）があります。刑法38条３項では、「法律を知らなかった
としても、そのことによって、罪を犯す意思がなかったとすることはでき
ない。」と規定しており、知らなかったという弁解は通りません。法律だ
けではなく、各地方自治体が制定する条例で処罰されることもありますか
ら、危ないことはよく確認して実行する必要があります。特に薬物の取締
法は国によって異なり、英米で処罰されなくても、日本では処罰されると
いうことがあります。よく分からない薬を興味本位で飲んだりすると大変
なことになりますから、注意が必要です。

Q042　**一事不再理とは何ですか**

Ⓠ　**「一事不再理」とは何ですか。**

Ⓐ 「一事不再理」とは、同じ行為について、二度裁判にかけられないという原則です。例えば、一郎君が駅前のスーパーマーケットでリンゴを盗んだとして窃盗罪で起訴されたが、防犯カメラの映像の不備で盗んだことの証明ができず、無罪となり、判決は確定したとします。担当刑事は、やはり一郎君が犯人だと考えて、改めてそのスーパーの防犯カメラの映像を徹底的に分析し、リンゴを盗んだと確認できる映像を入手しました。その新証拠に基づいて、再び起訴して有罪にすることができるでしょうか。自分が一郎君だとしたら、どのように思いますか。

　日本国憲法39条後段は、「同一の犯罪について、重ねて刑事上の責任を問はれない。」と規定しています。これを「一事不再理」と呼んでいます。つまり、ある事実について、一度無罪になったのに、同じ事実について、再度、裁判にかけられ審理の対象となることはないという法理です。英米法では、二重の危険の禁止原則と言い、被告人を二重の危険にさらしてはならないという法理として理解されています。

Ⓠ **そうすると、一審で無罪になった場合、検察官は、上訴審に不服申立てをすること（控訴）はできないのですか。**

Ⓐ そうですね。国によっては、検察官が無罪判決に不服申立てをするのは一事不再理に反するとして認めないとする場合もあります。日本の最高裁判所は、訴訟の開始から終末までを一つの継続的状態と見ることができるとして、検察官の上訴も被告人を二重の危険にさらすものではないため、日本国憲法39条に違反しないと判示しています。

Ⓠ **でも、そうすると、有罪になった後、無罪の証拠が出てきてもやり直しはできないのではないですか。**

Ⓐ そういうふうにも考えられますよね。でも、一事不再理は同じ事実について何度も人を裁判にかけるようなことをしてはいけないという国家権力に対する規制なのです。誤って有罪にされた人を救済するのを否定するものではありません。したがって、裁判をやり直して無罪になる可能性のあ

る証拠が新たに見つかったり、前の裁判に著しい不備があったことが判明したような場合には、再度の裁判を求めることができます。これを「再審」と呼んでいます（刑事訴訟法435条以下）。再審は、先に述べたように、同じ事実について二重の危険に晒してはならないという原則がありますから、その者の利益になる場合にのみ認められます。すなわち、「再審の請求は、左の場合において、有罪の言渡をした確定判決に対して、その言渡を受けた者の利益のために、これをすることができる」（刑事訴訟法435条本文）とされています。

　なお、条文には、同じ項目に「ただし、ＸＸの場合は、この限りではない。」などと書かれている場合があり、最初に書かれている文を「本文」と言い、その後の「ただし……」以降に書かれている文を「但し書き」と読んで区別をしています。「本文」と書いてあるときは、「但し書き」は含みません。

Q043　拷問とは何ですか

Q　「拷問」とは何ですか。

Ａ　「拷問」というのは、捜査官が被疑者や被告人に対し、精神的または肉体的な苦痛を与えることによって自白を得ようとする行為をさしています。日本国憲法36条は、「公務員による拷問及び残虐な刑罰は、絶対にこれを禁ずる。」と規定しています。日本国憲法の中で、「絶対」が出てくるのはここだけです。

　公務員による「拷問」というのは、捜査官らの公務員が本人又は第三者に対し、肉体的または精神的苦痛を与えて、当該公務員が知りたい情報を自白させる行為です。戦前の日本でも、禁止されていたのですが、公然と行われていたという歴史があります。現代でも、なお、世界の各地で拷問

の事実を耳にします。拷問を禁止すべきことは国際的にも何度も確認されています。

　例えば、世界人権宣言（1948年に国連総会で採択された、人権および自由を尊重し確保するために、「すべての人民とすべての国とが達成すべき共通の基準」を宣言したもの。）第5条では「何人も、拷問又は残虐な、非人道的な若しくは屈辱的な取扱若しくは刑罰を受けることはない。」と規定しています。

　また、市民的及び政治的権利に関する国際規約（1966年に採択された国連での規約。B規約とも呼ばれています。）第7条では、「何人も、拷問又は残虐な、非人道的な若しくは品位を傷つける取扱い若しくは刑罰を受けない。特に、何人も、その自由な同意なしに医学的又は科学的実験を受けない。」と規定しています。

　さらに、拷問及び他の残虐な非人道的な又は品位を傷つける取扱い又は刑罰に関する条約（拷問禁止条約。1984年に国連で採択）では、拷問だけではなく、他の残虐な非人道的又は品位を傷つける取扱いも禁止しています。

　拷問禁止条約第1条では、拷問を次のとおり定義しています。「『拷問』とは、身体的なものであるか精神的なものであるかを問わず人に重い苦痛を故意に与える行為であって、本人若しくは第三者から情報若しくは自白を得ること、本人若しくは第三者が行ったか若しくはその疑いがある行為について本人を罰すること、本人若しくは第三者を脅迫し若しくは強要することその他これらに類することを目的として又は何らかの差別に基づく理由によって、かつ、公務員その他の公的資格で行動する者により又はその扇動により若しくはその同意若しくは黙認の下に行われるものをいう。」としています。

Q　日本は、拷問禁止条約に加わっているのですか。

Ａ　日本も1999年から加入しており、定期的に国連に報告をしています。

2013年の国連拷問禁止委員会の総括所見では、日本の報告に対し、歓迎すべき点のほかに次の懸念事項が指摘されています。例えば、①拷問の定義がされていないこと、②拷問の未遂及び拷問の共謀または参加を構成するいかなる者による行為を含め、時効が有効であること、③入管法に基づく退去強制命令の下無期限の収容が行われていることなどです。

Q044　残虐な刑罰とは何ですか

Ⓠ　「残虐な刑罰」とは何ですか

Ⓐ　先に述べたように（Q043）、日本国憲法36条で「残虐な刑罰は、絶対にこれを禁ずる。」とされています。残虐な刑罰の法的定義規定はありませんが、昭和25年の最高裁判例で「不必要な精神的、肉体的苦痛を内容とする人道上残酷と認められる刑罰」と定義されています。また、死刑について、現在の絞首刑による刑罰の執行は残虐な刑罰に該当しないとしています。しかし、この判決は、70年も前のもので世界の状況は大きく変わっています。

Ⓠ　どのように変わってきているのでしょうか。

Ⓐ　2021年10月10日付の第二東京弁護士会会長声明文は、次のように述べています。

　「死刑廃止は国際的な潮流であり、10年以上死刑の執行をしていない事実上の廃止国を含め144カ国が死刑を廃止しており、存置国は我が国を含め55カ国ですが、このうち、2020年中に死刑を執行したのは18カ国でした。

　いわゆる先進国の集まりであるOECDの加盟国38カ国のうち、死刑制度を残しているのは米国、韓国と日本の３カ国だけですが、米国は23州で死刑を廃止し、３州が執行停止を宣言しており（2021年６月10日現在）、連邦レベルでも2021年７月以降、死刑の執行が停止されています。また、

韓国は1997年を最後に20年以上死刑を執行しておらず、事実上の死刑廃止国です。(以下省略)」。

　以上のような世界の状況の中で、日本の位置を考える必要があります。

　そこには、人間の命は尊いから、それを奪った者を死刑にすると考えるのか、人の命は尊いから、どのような理由があろうとも、人間の命を奪ってはならないと考えるのかの違いがあるように思います。また、裁判は完全ではなく、裁判官は、出てきた証拠の範囲でしか判断ができません。その判断が必ず正しいと断言することは裁判官でもできないのです。また、その責任をすべて被告人一人が担うべきかについて疑問を抱く場合もしばしばあります。戦争の場合でも、刑罰の執行の場合でも、復讐の場合でも、人間の命を故意に奪ってはならないという原則をしっかりと作り上げることがなければ、本当に人間の命を大切にする自覚は生まれないのではないかとも考えられます。

　報復の感情は原始的なものであり、やられたらやり返すのは正義だという素朴な感覚はある意味人類普遍のものです。正当防衛の観念と同質のものが報復感情、復讐感情の正当性を基礎づけます。しかし、報復感情は報復の連鎖を生み出します。一度その連鎖が起きると止めどもなく報復の連鎖が起きてきます。そのため、人類は次第にその無意味さと残虐性に気がつき、報復の連鎖を断つため、同害報復の観念から脱出し、刑罰から残虐性を排除して来ました。私たち日本人は、復讐劇について肯定的なところがありますが、改めて復讐心から離れて刑罰の在り方を考えていく必要がありそうです。

第12章　国務請求権と参政権

 Q045　国務請求権（受益権）とは何ですか

Ⓠ　「国務請求権（受益権）」とは何ですか。

Ⓐ　「国務請求権（受益権）」というのは、国に対して何らかの請求をする権利のことです。憲法上、次の４つの権利が規定されています。①請願権（日本国憲法16条）、②公務員の不法行為による損害賠償請求権（国家賠償請求権：同法17条）、③裁判を受ける権利（同法32条）、④刑事補償請求権（同法40条）です。これらを併せて、「国務請求権」または「受益権」と呼んでいます。請願権を除く学説もあります。これらは、基本的人権を確保し、より確実にするために、国に向けられた権利であるという点に共通点があります。

Ⓠ　それぞれ簡単に説明していただけますか。

Ⓐ　それでは、順番に簡単に説明しましょう。

　①請願権は、絶対君主である国王に対して国民が自分たちの権利について「請願」するというところに起源があります。現代では、権利と言っても、請願すれば、請願したとおりに行政が動くわけではなく、国民の一人として、その声を行政に伝えるというだけのことです。憲法上の権利の行使ですから、請願しても不利益を受けないというところが大事です。

　②国家賠償請求権は、不法行為に基づく請求権です。不法行為の場合には、一般に誰かが不法行為をした場合、行為者個人に対し損害の賠償を求めることができます（民法709条）。しかし、公務員がその公務を執行する中でしたことについては、その公務員個人に責任を負わせるのではなく、その公務員が所属する国や都道府県または市町村が責任を負うとするのが

妥当であると考えられます。そこで、公務員の故意又は過失により損害を受けた場合には、国や地方公共団体に対し損害賠償を求めることができるとしたのが日本国憲法17条ということになります。これを受けて、国家賠償法という法律ができています。

　③裁判を受ける権利というのも、国家機関である裁判所に対し、国民が裁判という国の判断を求めるもので、裁判を通じて、具体的な国民の権利の実現が図られるという点で、基本的人権を実現するための手段という意味を持っています。

　④刑事補償請求権は、故意、過失があってもなくても、犯罪の嫌疑をかけられて身柄を拘束され、その後、無罪判決が確定すれば、その人にとっては許しがたい人権の侵害であり、その回復のためには、国がこれを補償すべきだと考えられます。これが憲法上の権利として認められているのです。

　このように、これらの権利は、国や地方公共団体に対し、具体的に請求をすることを認める憲法上の保障であることから、国務請求権と呼ばれています。また、これによって権利者が利益を得るものと考えられるので、受益権とも呼ばれているのです。

■国務請求権（受益権）の概要

種　類	条　文	意　義
請願権	16条	国又は地方自治体の機関に請願をする権利
国家賠償請求権	17条	公務員の不法行為に対し損害賠償を請求する権利
裁判を受ける権利	32条	裁判所で裁判を受けることのできる権利
刑事補償請求権	40条	拘禁され無罪とされた場合の補償を求める権利

Q046　請願権とは何ですか

Q　「請願権」とは、どのような権利なのでしょうか。

A　「請願権」というのは、国民が国や地方公共団体に対して、様々な要望を出すことができる権利です。日本国憲法16条は「何人も、損害の救済、公務員の罷免、法律、命令又は規則の制定、廃止又は改正その他の事項に関し、平穏に請願する権利を有し、何人も、かかる請願をしたためにいかなる差別待遇も受けない」と規定しています。これは、国に対し、いろいろなことを求めても、それによって不利益な扱いを受けないことを示しているのです。

　この請願権の考え方が最初に出てきたのが17世紀の英国です。当時、英国は、国王が支配をしており、国王は戦争のために議会の承認を得ないで、国民に税を課したり、投獄したりしていました。そこで英国議会は、国王に対し、議会や国民の権利について、これを認めるよう請願書を提出しました。これが1628年の権利の請願（Petition of Right）です。

　大日本帝国憲法30条は、「日本臣民ハ相当ノ敬礼ヲ守リ別ニ定ムル所ノ規程ニ従ヒ請願ヲ為スコトヲ得」（日本の臣民は、相当の敬意と礼儀を守って、別の規程に従って請願することができる）としていました。これに基づき、1917年になって請願令ができました。そこには、請願は文書ですること、侮辱したり風俗を乱す言葉を使わないこと、文字は端正で鮮明であること、請願の要旨、理由、年月日、請願者等を記載することなどが定められていました。

　現行の日本国憲法の下では、「何人も」とあるように未成年者でも、外国人でも、誰でも請願ができるとされています。そして、この憲法の規定に基づいて、請願法という法律が定められています。請願法では、請願者の住所、氏名を書いて書面ですること、所管する官公署にすること、天皇

に対する請願は内閣に提出すること、所管する官公署が明らかでないとき
は内閣にすること、この法律に適合する請願は、官公署において、これを
受理し誠実に処理しなければならないこと、何人も、請願をしたためにい
かなる差別待遇も受けないことが規定されています。

　したがって、誰もが憲法上の権利として、内閣や官庁、議院にも請願す
ることができます。ただし、衆議院、参議院では、請願には議員の紹介が
必要だとされています（国会法79条）。市区町村の場合も議員の紹介を要
件としています（地方自治法124条）。しかし、請願法では、請願するため
の手続要件として、議員の紹介が必要であるとはされていません。明治憲
法下の請願令（1917年）にも、そのような制限はありません。憲法上の権
利として請願権があると言いながら、議員の紹介がない限り請願ができな
いということになれば、実質的に請願権という憲法上の権利を否定するこ
とにならないかという問題があります。確かに誰でもいつでも自由にでき
るとなると、請願を受け付ける側は大変になり、ある程度の手続き的な要
件を課す必要があり、そのため、議員の紹介という方法がとられているの
だと考えられますが、憲法上の権利という以上、議員の紹介がなくてもで
き、請願に対しては誠実に処理するとされていますので、理由を付して回
答するのでなければ、請願権が憲法によって保障されていると言えるのか
という問題は残るだろうと思われます。特に選挙権の行使が十分にされて
いない状況の下では、国民の意見を行政が吸収するとても重要な制度では
ないかと思われます。

Q047　国家賠償とは何ですか

Ⓠ　**どのような場合に「国家賠償」を求めることができますか。**

Ⓐ　公務員の不法行為によって損害が生じた場合、国に対し賠償を求めるこ

とができます。日本国憲法17条は、「何人も、公務員の不法行為により、損害を受けたときは、法律の定めるところにより、国又は公共団体に、その賠償を求めることができる。」と規定しています。

　一般に不法行為というのは、故意又は過失により、他人の権利又は法律上保護される利益を侵害した者は、これによって生じた損害を賠償する責任を負う（民法709条）という規定です。したがって、本来、不法行為責任を負うのは、その公務員になります。また、使用者（雇い主）は、その業務の過程で従業員が故意又は過失により誰かに損害を与えた場合、その使用者も責任を負う。ただし、その場合、雇い主は、その人を選任したことや監督したことについて過失がなければ、責任を負わない（民法715条）とされています。

　これに対し、国や地方公共団体（都道府県、市町村）は、所属する公務員の不法行為があれば、その選任、監督に過失がなくても、国や都道府県、市町村が直接損害賠償責任を負うというのがこの憲法の規定です。具体的には「法律の定めるところにより」となっており、そのため、国家賠償法という法律があります。国家賠償法は、この憲法の規定を受けて、「公権力の行使に当る公務員が、その職務を行うについて、故意又は過失によつて違法に他人に損害を加えたときは、国又は公共団体が、これを賠償する責に任ずる。」と規定しています（国家賠償法１条）。その場合、公務員個人は責任を負わないと解されています。

Ｑ　法律が日本国憲法17条に違反するとされた例はありますか。

Ａ　あります。2002年に、当時の郵便法68条及び73条の規定のうち、書留郵便物及び特別送達郵便物（民訴法の規定に基づいて裁判所から訴訟関係者に伝える訴状などの重要な書類を送る方法で、どのように送達できたのかを報告する義務があります）について、郵便の業務に従事する者の故意又は重大な過失によって損害が生じた場合に、不法行為に基づく国の損害賠償責任を免除し、又は制限している部分は、憲法17条に違反するとした最

高裁判所大法廷判決（15人全員一致）があります。これは、郵便物一般について国の責任を免除または制限することはすべて憲法違反だとまでは言えないが、少なくとも、配達（送達）することがとても重要な意味を持つ書留郵便等についてまで一律に国の責任を免除し、又は制限することは、日本国憲法17条に違反をすると判断したものです。

　実は、この郵便法の規定は、明治憲法下での法律をそのまま受け継ぎ、踏襲していたのです。このほかにも、戦後、新しい日本国憲法の下で古い法律を見直す時、十分に検討されずに戦後も引き継がれている法律があります。そのような法律の中には、現行の日本国憲法の下ではおかしいと考えられるものが残されています。そのような場合、誰かがおかしいと言って、裁判を起こさなければ、事件になることはなく、違憲の法律が生き続けるということもあるのです。

Q048　裁判を受ける権利とは何ですか

Ⓠ　誰も裁判所にはあまり行きたくないのに「裁判を受ける権利」があるというのは、どのようなことなのでしょうか。

Ⓐ　裁判を受ける権利とは、誰もが裁判所による裁判を受けられる権利のことです。裁判なしで、強い者の言いなりになったり、投獄されたりすることはないというのが裁判を受ける権利の持っている意味なのです。日本国憲法32条は、「何人も、裁判所において裁判を受ける権利を奪はれない」と規定し、また、同法82条１項は、「裁判の対審及び判決は、公開法廷でこれを行ふ」とし、同法37条１項は、「すべて刑事事件においては、被告人は、公平な裁判所の迅速な公開裁判を受ける権利を有する」としています。

　つまり、裁判を受ける権利は、政治権力から独立した公平な司法機関に

対して、すべての個人が平等に権利・自由の救済を求め、かつ、そのような公平な裁判所以外の機関から裁判されることのない権利であるとされています。したがって、裁判官は行政機関とは無縁であることが強く求められているのです。

日常生活における近隣トラブルも、犯罪者の処罰も、政府から独立した司法機関としての裁判所で裁判を受ける権利が保障される必要があるわけです。また、行政府が行った行為について、それが憲法、法律に違反をする場合には、やはり、司法権を持つ裁判所で、その当否を判断する必要があります。

これは、国民の権利ですから、未成年者であっても、たとえ中高生であっても法定代理人（父母など）を通して原告となって誰かを訴えたり、犯罪の被害にあったりしたら、告訴をして処罰を求めることもできますし、公立学校や市役所のやっていることがおかしいと思ったら、その行政処分を取り消すよう裁判所に求める権利があります。

Ｑ　裁判を起こしてよいのかという不安もあるのですが……。

Ａ　日本には、昔から「裁判沙汰にする」という言葉があり、裁判をすることが何か悪いことのように考える風潮がありました。「ことを荒立てる」のはよくなく、「長いものに巻かれろ」「郷に入りては郷に従え」などのことわざもあります。「がまんしろ」「逆らうな」と理不尽なことでも受け入れるという風潮がありました。

しかし、それは大きな間違いです。正しいことを正しいと言えない国こそおかしな国です。そして力のない者、お金のない者も、正しいことを正しいと判断してほしいと求めれば、これに答えるのが裁判所の役割です。力のある者は、裁判などしなくても弱い者を力で封じ込めることができます。力のない者こそ、裁判所の力を借りて対等な立場で力のある者と何が正しいのかについて議論をすることが必要です。それを保障するのが裁判を受ける権利なのです。

Q049　刑事補償とは何ですか

Ｑ　「刑事補償」は、どのような場合に認められるのでしょうか。

Ａ　日本国憲法40条は、「何人も、抑留又は拘禁された後、無罪の裁判を受けたときは、法律の定めるところにより、国にその補償を求めることができる。」と規定しています。これを「刑事補償」と呼んでおり、この規定に基づいて刑事補償法という法律が制定されています。

　「何人も」とあるように日本の国家機関において当該無罪となった犯罪の嫌疑により抑留（逮捕）、拘禁（勾留）され、当該裁判で無罪の判決が確定した人であれば、誰でも刑事補償を受けることができます。有罪判決が確定しても、再審で無罪となり、その無罪判決が確定した場合には、既に実刑判決が確定し、服役していた期間についても、拘禁に該当するので、刑事補償を受けることができます。具体的には、刑事補償法にその定めがあります。

Ｑ　刑事補償法では、どのように定められているのですか。

Ａ　刑事補償法では、無罪の裁判を受けた者が身柄を拘束（抑留又は拘禁）されていた場合には、国に対して、身柄拘束に対する補償を受けることができ、また、再審などにより無罪とされた場合でも、刑の執行を受けていたときはその補償を受けることができること（同法１条）、本人が亡くなった場合でも、相続人からその補償の請求ができること（同法２条）、補償金額は１日1000円以上12,500円以下の割合により、裁判所が相当と認める金額の補償金を交付すること、死刑執行による補償は原則として3000万円以内で裁判所が相当と認める補償金を交付することなど（同法４条）を定めています。

　有罪になったことについて公務員に過失がなくても補償されますが、故意又は過失があることは金額を決める上での考慮要素とされています。逮

捕、勾留、起訴をした公務員に故意又は過失がある場合には、原則として、国家賠償法に基づいて生じた損害の全額の賠償を求めることができます。その場合、公務員の故意又は過失については、賠償を請求する側が主張し、立証しなければなりません。

Ⓠ　受刑中に亡くなったり、死刑が執行されたりした後、無罪だと分かった場合はどうなのでしょうか。また、再審は死亡後や死刑執行後もできるのでしょうか。

Ⓐ　はい、できます。再審の結果、無罪になれば、相続人が承継して補償を求めることができます。その場合は、死亡の日までを補償期間としています。また、無罪が確定した場合、本人および弁護士の旅費、宿泊費や弁護士報酬などについても補償を求めることができます（刑事訴訟法第188条の2）。

Ⓠ　少年事件として、少年鑑別所に収容されたり、少年院に収容されたりした後で、非行がないことが明らかになった場合、どうなるのでしょうか。

Ⓐ　少年法では、「無罪の裁判」に該当するのが、非行のないことを理由とする審判不開始処分や不処分などです。その場合は、別途、「少年の保護事件に係る補償に関する法律」という法律が1992年に制定されています。それ以前は、少年法による処遇は保護処分であり、刑罰ではないと考えられていましたが、少年鑑別所や少年院への収容も施設に収容される不利益処分である点では同じであり、刑事補償に準じて補償すべきであると考えられるとして制定されたのです。したがって、少年（20歳未満）でも、非行をしていないのに、非行があったとして、逮捕、勾留、少年院収容などになった場合、後に非行がないと判明すれば、補償を受けることができます。

Q050　参政権とは何ですか

Q　「参政権」とは、どのような権利なのでしょうか。「選挙権」とは、どう違うのですか。

A　「参政権」というのは、「国民が主権者として国の政治に参加する権利」のことを広く指します。選挙権は参政権の中の一つということになります。

　　政治に参加するという場合、政治を行う議会の議員を選ぶ権利（選挙権）、逆に議会の議員に立候補して選ばれる権利（被選挙権）、日本国憲法が定める国民投票について、投票をする権利（国民投票権）、また、国又は地方の公務員として広い意味での政治に参加する資格が与えられることも含みます。

　　日本国憲法15条1項は、「公務員を選定し、及びこれを罷免することは、国民固有の権利である」と規定しています。しかし、国民全員がそれぞれの地方に勤務する全ての公務員を直接選んだり、罷免したりすることは困難です。その選定・罷免については、その権限が基本的に国民に帰属しているという趣旨に理解されています。公務員のどの地位にある者を選挙したり、罷免したりできるのか、憲法の文面からは判然としません。日本国憲法15条の規定だけをみると、米国のように行政のトップである大統領を選挙するのと同様に、内閣総理大臣を国民が直接選挙する権利を憲法は保障しているという解釈も考えられますが、議院内閣制をとっている現行の日本国憲法の趣旨には合致しません。

Q　外国人に参政権はありますか。

A　日本に永住する外国人は、日本において選挙権を持つのか、日本において公務員になれるのかという問題があります。現在、日本では日本国憲法第15条に「国民固有の権利」と明記されていることから、外国人参政権は認められていませんが、様々な議論が行われています。

　実際の判例でも、日本国憲法15条で国民固有の権利であると明記していることから、日本に永住する外国人は日本国籍を取得しないと国政の選挙権を持たないとしています。ただし、地方議会については、明言をしていません。

　他方、国家公務員になるには、日本国籍が必要であるとされていますが、地方公務員については、外国籍でもこれを認める自治体があります。これは、憲法上、外国人も公務員になる権利があるというのではなく、憲法は外国籍の人を地方公務員として採用することを禁止まではしていないという解釈です。他方、地方政治の重要な意思決定をする地方議会議員を選ぶ権利としての選挙権については、外国籍の人は持たないとされています。ずっと日本に住み、税金も払っており、その地に長く居住しているのだから認めてよいという意見もありますが、憲法の保障の範囲外とされています。

　なお、選挙権以外の参政権として、最高裁判所裁判官の国民審査（日本国憲法79条2項）、憲法改正の国民投票（同法96条）、一つの地方公共団体にのみ適用される特別法の住民投票（同法95条）などの投票権も、参政権の一つの現れであると解されています。その関係で、2022年5月25日、最高裁判所大法廷は、海外に住む日本人が最高裁判所裁判官の国民審査の投票権を行使できないのは日本国憲法15条1項、79条2項・3項に違反するとの判断を示しました。海外に居住していても日本国民であり、投票権を認めないのは憲法違反だと判断されたのです。

第13章　社会権

Q051　社会権とは何ですか

Ⓠ　「社会権」とは、どのような権利なのでしょうか。

Ⓐ　生存権、教育を受ける権利、勤労の権利など、個人が社会において生存し、教育を受け、働いていく上で、国が積極的に関わる権利のことを「社会権」と呼んでいます。

Ⓠ　社会権は後からできたということですが、どうしてできたのですか。

Ⓐ　西欧で民主主義、自由主義を基盤に憲法が作られてきた当時、重要なことは、国家からの自由であり、市民の自由な経済活動、社会活動に国家はできる限り口出しをせず、妨害をしてはならないという考え方だったのです。夜警国家という言葉があるように、国家の役割は、社会の秩序を維持するため、夜間警備をして市民社会の秩序を乱す者を排除するだけでよく、他は市民の自由な活動を保障しておけばよいと考えられていました。

　しかし、自由競争に任せたところ、多くの人々が生活に困窮し、あるいは、購買力が低下して、生産が過剰になり、大恐慌をもたらすなどしました。そこで、国家が積極的に金融政策、財政政策を展開し、かつ、労使関係にも介入して働く者の権利を保障し、生活困窮者に対しては福祉的措置を講じるなどの必要性が強まってきたのです。そうした背景事情の下で、国家は、市民の自由な活動を見守るだけではなく、積極的に国民生活が円滑に進むよう支える義務がある。国民は国家にそうしたことを要求できるという考え方（福祉国家論）が強くなっていったのです。

　そうした時代に日本国憲法は誕生しているため、その中には、生存権、教育を受ける権利、労働基本権、団結権・団体行動権などの権利が明記さ

れることになったのです。これらの権利を総称して社会権と呼んでいます。

　特に1920年代以降、資本主義に対抗する形で、社会主義、共産主義の考え方に立つ国家が出現し、国内でも、そのような方向性を持つ人々が増えていました。そうした中で、資本主義を維持しながら、社会主義、共産主義を唱える国家に対処するためには、福祉を重視する必要性が強まっていたのです。

　日本国憲法25条は、国民の生存権を認め、また、国に生存権の具体化についての努力義務を課しています。国民全員に健康で文化的な最低限度の生活を営む権利を保障しようとするものです。自由競争の中では、怪我や病気で働けなくなると生活に困難を来しかねないので、誰もがそうならないようにしっかりと国で面倒を見ようという国民全員の保険のような制度です。

　なお、健康で文化的な生活を営むことを害する「公害」が1960年代以降大量に発生し、新しい人権として「環境権」が唱えられるようになりました。その根拠として、日本国憲法25条が考えられる半面、同法13条などの人格権として捉える見解もあり、まだ、最高裁判所は正面から環境権を認めていません。

　日本国憲法26条は、「教育を受ける権利と受けさせる義務」について規定しています。義務教育というのは、子供にしっかりと教育を受ける機会を与える保護者の義務です（教育基本法５条）。小中学生自身が教育を受ける義務があるわけではありません。

　日本国憲法27条は、「勤労の権利と義務、勤労条件の基準及び児童酷使の禁止」を規定し、安心できる労働環境の中で働く権利を保障し、併せて、児童の酷使を禁じようとするものです。

　日本国憲法28条は、「勤労者の団結権及び団体行動権」を規定し、これらを保障することで、働く者にとって不利な労働条件を改善することを目

指しています。

■社会権の概要

種　　類	条　　文	意　　義
生存権	25条	健康で文化的な最低限度の生活を営む権利
教育を受ける権利	26条	児童に教育を受けさせる義務と受ける権利
労働基本権	27条	勤労の権利と義務
団結権・団体行動権	28条	勤労者の団結し、団体として行動する権利

Q052　生存権とは何ですか

Q　「生存権」とは、どのような権利なのでしょうか。

A　「生存権」とは、「健康で文化的な最低限度の生活を営む権利」のこと
です。日本国憲法25条1項は、「すべて国民は、健康で文化的な最低限度
の生活を営む権利を有する。」と規定し、同条2項は、「国は、すべての生
活部面について、社会福祉、社会保障及び公衆衛生の向上及び増進に努め
なければならない。」と規定しています。同条項を受けて、生活保護法、
児童福祉法などの「社会福祉」制度、国民健康保険法、国民年金法などの
社会保険を中心とする「社会保障」制度、保健所法（1994年に地域保健法
に改正）、食品衛生法（2003年に食品安全基本法が制定）などの「公衆衛
生」制度が設けられています。そのうち、「健康で文化的な最低限度の生
活」を確保する法律が生活保護法です。

　「すべて国民は」とあるとおり、日本国民であれば、誰でも健康で文化
的な最低限度の生活を営む権利がありますから、生活が困難となった場合
には、生活保護の申請ができます。ただし、保護者がいる場合には、保護
者を含めた世帯収入が保護基準以下で、持ち家、自動車など高価な財産が

ないことが必要であり、また親族（祖父母、親、兄弟、叔父、叔母など）に資力があり、生活費を出してもらう余力があるときは、原則として、生活保護を受けることができません。そのため、生活保護の基準に合致しているかどうか審査を受けることになります。扶養照会と言って、親族に対する照会をするわけですが、必ずしも扶養につながらず、例えば、ＤＶがあるとか、親族関係が粗悪であったりする場合、照会をすると、逆に住所が知らされたり、家族関係がさらに悪化するなどのことも懸念されることから、そうした問題が起きないよう注意が呼びかけられています。

　この生活保護法に基づいて、支給を受けていた結核で療養中の朝日さんがお兄さんから仕送りを受けることになったとして保護を打ち切られ、生活が困難になったとして提起された訴訟について、1967年５月24日に最高裁判所大法廷判決が言い渡されました。同判決は、本人の死亡により訴訟は終了したとしながらも、傍論で、日本国憲法25条１項については、国の責務として宣言したにとどまり、直接個々の国民に具体的な権利を賦与したものではないとし、何が「健康で文化的な最低限度の生活」であるのかは、厚生大臣（当時）の判断に委ねられている旨、判示しました。「朝日訴訟」と呼ばれています。

Q053　教育を受ける権利とは何ですか

Q　「教育を受ける権利」とは、どのような権利なのでしょうか。

A　「教育を受ける権利」というのは、保護者に対し、子らに教育を受けさせる義務を課することによって、子らが等しく教育を受けることができるようにする、そのような権利のことを指しています。日本国憲法26条１項は、「すべて国民は、法律の定めるところにより、その能力に応じて、ひとしく教育を受ける権利を有する。」と定め、同条２項は、「すべて国民は、

法律の定めるところにより、その保護する子女に普通教育を受けさせる義務を負ふ。義務教育は、これを無償とする。」と定めています。

　これは、国民一般ではなく、主に子どもの教育を受ける権利を規定したもの、つまり、子どもの学習権を保障したものと理解されています。本条を受けて、教育基本法、学校教育法が制定されています。

　教育基本法 1 条には、「教育は、人格の完成を目指し、平和で民主的な国家及び社会の形成者として必要な資質を備えた心身ともに健康な国民の育成を期して行われなければならない。」と記載されています。これは2006年に改正されたもので、それまでは、「教育は、人格の完成をめざし、平和的な国家及び社会の形成者として、真理と正義を愛し、個人の価値をたつとび、勤労と責任を重んじ、自主的精神に充ちた心身ともに健康な国民の育成を期して行われなければならない。」とされていました。「真理と正義を愛する」「個人の価値を尊ぶ」「勤労と責任を重んじる」「自主的精神に充ちた」と具体的に書かれていたものが「必要な資質を備えた」に置き換えられ、同法 2 条に「教育の目標」として、「幅広い知識と教養」、「真理を求める態度」、「豊かな情操と道徳心」、「健やかな身体」、「個人の価値を尊重」、「自主及び自律の精神」、「正義と責任」、「男女の平等」、「自他の敬愛と協力」、「主体的に社会の形成に参画」などの文言が並んでいます。教育の目的、目標は多様であることが示されているという意味で、その目標、目的に大きな変更はないようです。

Ｑ　「学習権」と「教育権」とは違うのですか。

Ⓐ　日本国憲法26条 1 項が規定をしているのは、「学習権（子どもの教育を受ける権利）」です。それとは別に「教育権」が国にあるのか国民にあるのかという議論があり、その点が争点となった訴訟がありました。最高裁判所は、1976年 5 月、国、教師、親が分担をして教育の実現が図られるとし、教師に一定の範囲で教育の自由はあるとしながらも、これを完全に認めることは児童生徒に批判する能力がなく、教師に強い影響力があること、

子どもに教師を選択する自由がないこと、全国的に一定の水準を確保すべき要請が強いことなどから、国が全国一斉学力テストをすることは適法であるとしました。この事件は、「旭川学テ事件」と呼ばれています。中学生全国一斉学力テストを阻止しようとした行為が威力業務妨害罪に問われた事件です。

　これは半世紀近くも前の事件であり、現代社会では、教育に関する情報は、学校以外でも取得することが可能であり、中高生にでもなれば、ネットからもあらゆる教育情報を手に入れることができます。しかし、学校という場所で共に学ぶことは単に知識を習得するだけではなく、人格の完成という目標があります。お互いに意見を述べ合い、先生の言うことに耳を傾けながらも、鵜呑みにせず、主体的に考える人間に成長することが大切です。一人ひとりの子どもにとっては、憲法上保障された学習する権利があり、これは誰ひとり奪われてはならないのです。国がどこまで教育に関与できるのかという難しい問題ですが、いずれにしても、自分でしっかりと考え、判断する力を養うことが一人ひとりに求められています。

Q054　労働基本権とは何ですか

Q　「労働基本権」とは、どのような権利なのでしょうか。

A　「労働基本権」というのは、「使用者に対して弱い立場にある労働者に認められた権利」のことで、大きく勤労権と、労働三権（①団結権、②団体交渉権、③団体行動権）の２つに分けられます。

　そこで、日本国憲法27条１項は、「すべて国民は、勤労の権利を有し、義務を負ふ。」と規定し、同条２項は、「賃金、就業時間、休息その他の勤労条件に関する基準は、法律でこれを定める。」とし、また、同条３項は、「児童は、これを酷使してはならない。」と規定しています。また、同法28

条は、「勤労者の団結する権利及び団体交渉その他の団体行動をする権利
は、これを保障する。」と定めています。これらの権利を総称して、労働
基本権と呼んでいます。

Q **勤労の権利、義務とは何を指しているのですか。**

A 一般に「勤労」という場合、自営で働く人もいれば、誰かに雇われて働
く人もいます。どのような形であれ、働くことは権利であると同時に義務
でもあり、健全な社会を維持するには、労働は避けて通ることができませ
ん。

中学生や高校生であっても進学をしなければ、卒業後は、どこかに就職
しますし、大学に進学しても、ほとんどの人は、卒業とともに就職します。
このように誰かに雇われて稼働をする契約を雇用契約と言います。その場
合、働く側は賃金を得ないと生活が難しくなりますから、劣悪な労働条件
でも働かざるを得ません。

特に19世紀初頭のイングランドでは労働者の団結禁止法があり、これに
対抗して、ラッダイト運動という機械打ち壊し運動や暴動も起き、1830年
代には労働運動も盛んになり、これに対する死刑を伴う弾圧も行われまし
た。19世紀後半には、機械工の全国組織も作られ、労働組合法も制定され
ました。1880年代になると、社会主義政党も現れ、これを支持する労働組
合も出現しました。そうした運動の中で、自由主義国家においても、次第
に労働者の権利を守るための立法がされるようになりました。憲法の定め
る労働基本権の背景には、このような歴史があるのです。

Q **具体的には、どのような労働者保護の法律があるのですか。**

A 労働基準法、最低賃金法、労働安全衛生法などが、日本国憲法27条2項
に基づいて、制定されています。本来、労働契約も民法上の契約ですから、
その内容は自由ですが、そうすると、労働者の保護に欠ける契約が締結さ
れてしまうため、労働基準法は、労働条件の原則、労使の対等性、均等待
遇、男女同一賃金、強制労働の禁止、中間搾取の排除、解雇制限、賃金、

労働時間、休日などについて、最低基準を定めており、これに反する合意は無効とされます。

　また、日本国憲法28条に基づいて、労働組合法、労働関係調整法が制定されています。労働組合法は、労働者が使用者と対等の立場に立つことを促進することにより労働者の地位を向上させること、労働条件について交渉するために自主的に労働組合を組織し団結することを擁護すること、労働協約を締結するための団体交渉をすることなどを目的としています。

■労働基本権の概要

種　　類	条　　文	関係法令	内　　容
勤労の権利・義務	27条1項		
勤労条件の基準	27条2項	労働基準法	賃金、労働期間等最低限度の基準
		最低賃金法	単位時間当たりの最低賃金
		労働安全衛生法	危険防止基準の確立等により労働者の安全と健康を確保
児童酷使の禁止	27条3項	労働基準法	15歳（中学生）以下原則禁止、18歳未満の者の労働時間・休日制限・深夜業制限
労働者の団結権等	28条		
団結権	28条	労働組合法	労働者の主体的自主的組合
団体交渉権	28条	同法	組合代表者・受任者の交渉権限等
団体行動権	28条	労働関係調整法	中労委・地労委による争議行為のあっ旋、調停、仲裁など

Q055　団結権とは何ですか

Q　「団結権」とは、どのような権利なのでしょうか。

A　「団結権」というのは、労働者が労働者の団体を組織する権利であり、労働者を団結させて使用者の地位と対等に立たせるための労働者の持つ権

利です。これは日本国憲法28条に規定されています。この団結権に基づいて、労働組合法が制定されています。

　労働組合法で定める労働組合というのは、「労働者が主体となって自主的に労働条件の維持改善その他経済的地位の向上を図ることを主たる目的として組織する団体またはその連合団体をいう」（労働組合法２条本文）とし、もし、その中に役員、雇入れ権限などを持つ監督的地位のある労働者が含まれる場合、その運営のため、使用者の援助を受けるものは、労働組合とはみなされません（同条但し書き）。使用者が強い労働組合ができることをおそれて、自ら積極的に組合を作るよう働きかけをするなどした名ばかりの労働組合を御用組合と呼んでいますが、それは、労働組合法上の労働組合ではありません。

　使用者にとって賃金は労働コストであり、これはできるだけ低い方が良いわけです。他方、労働者にとっては、賃金はできるだけ高い方が良いわけですから利害は対立します。そのため、使用者と労働者が対等の立場で交渉をし、賃金などの労働条件をよくしようと思ったら、労働者全員を一つの労働組合に参加させて交渉するのが最も良いことになります。そのようにして対等の立場で交渉しないと賃金などの労働条件の改善は期待できないとの考え方によっています。労働者に与えられた権利をしっかりと行使することで、働く者の意欲も向上し、労働生産性も向上します。活力ある社会を作るには、労働基本権というのは、大切な憲法上の権利であることを確認することが大切です。

Q056　団体交渉権とは何ですか

Ⓠ　「団体交渉権」とは、どのような権利なのでしょうか。

Ⓐ　「団体交渉権」とは、労働者の団体が使用者と賃金や労働時間などの労

働条件について交渉する権利です。労働組合の代表者又は労働組合の委任
を受けた者は、労働組合又は組合員のために使用者又はその団体と労働協
約の締結その他の事項について交渉する権限があります（労働組合法6
条）。交渉の結果、合意に至れば、労働協約を締結します。労働協約とい
うのは、同法14条が定めており、書面により協定が締結されると、これに
違反をする労働契約は無効になり、協約の基準が適用されます（同法16
条）。一つの工場で、同種労働者の4分の3以上の労働者が一つの労働協
約の適用を受けると、同工場で働く他の同種労働者にもその労働協約が適
用されます（同法17条）。

　他方、使用者は、次のような行為をすることは、不当労働行為として禁
止されています。

　①労働者が労働組合をつくったり、労働組合に入ったり、労働組合の正
当な行為をしたことに対し、解雇その他の不利益な取扱いをすること、労
働組合に加入しないことを雇用条件とすること

　②雇用する労働者の代表者と正当な理由なく団体交渉を拒むこと

　③労働組合の結成や運営を支配又は介入すること。ただし、労働時間中
に協議、交渉することや組合に対する福利や最小限の事務所の供与は除く。

　④労働委員会に不当労働行為があったことを申し立てたり、労働争議の
調整において証拠を提出したり、発言したりしたことを理由に解雇その他
不利益な取扱いをすること

　以上のような行為を不当労働行為と呼んでいます。不当労働行為があっ
た場合、労働組合は、労働委員会に救済を求めることができます。労働委
員会は、使用者委員、労働者委員、公益委員から同数で構成され、中央労
働委員会は、労働者が団結することを擁護し、及び労働関係の公正な調整
を図ることを任務とします。各都道府県には地方労働委員会があります。
賃金や労働条件は、あらかじめ決まっているものではなく、労使の話し合
いで決め、また、変更していくもので、会社が勝手に決めるものではあり

ません。労働者が労働組合を作り、使用者と団体交渉しながら、働きやすい職場を作っていくことは、本来、労使双方にとって望ましいことです。そして、それは働く者が使用者と公平に話し合いをするために不可欠な権利として憲法が保障しているものなのです。労働組合を作るのは憲法上の権利であり、経営者になる場合でも、その権利を尊重する必要があります。

Q057 団体行動権とは何ですか

Q 「団体行動権」とは、どのような権利なのでしょうか。

A 「団体行動権」というのは、争議権とも呼ばれており、労働者の団体がより良い労働条件の実現を図るために団体で行動をする権利です。争議行為について、労働関係調整法7条で「この法律において争議行為とは、同盟罷業、怠業、作業所閉鎖その他労働関係の当事者が、その主張を貫徹することを目的として行ふ行為及びこれに対抗する行為であつて、業務の正常な運営を阻害するものをいふ。」と定義をしています。

団体交渉で合意に至らなかった場合などに、労働組合が、みんなで業務をしない（同盟罷業、ストライキ）とか、仕事を怠ける（怠業）とかすることで、少しでも労働者のためになる労働条件を勝ち取ろうとするのに対し、使用者側は少しでも労働条件を切り下げるため、これに対抗して作業所を閉鎖して労働者が会社の中に入れなくしたり（ロックアウト）します。その結果、業務の正常な運営ができなくなることを「争議行為」と呼んでいます。そうした争議行為が生じた場合、労働委員会は、この労働関係調整法に基づいて調整を図るという仕組みになっているのです。どちらも、労働者、使用者に与えられた権利です。

Q 会社の正常な運営を阻害するようなことをしてもいいのですか。

A 争議権の行使として実施することは正当行為として認められています。

なぜ争議権というものを、憲法が認めるのか考えてみましょう。普通の株式会社は、株主が所有者であり、株主に雇われた経営者が労働者を雇用して運営されます。株主の利益のため、原材料費と賃金コストを削減して売上げを伸ばすのが経営者の仕事です。他方、従業員は、会社のために働くわけですが、賃金と労働条件の向上を求めますから、そこで利害が対立します。雇われる側の立場は弱いので、労働組合を作って会社と交渉をする必要があります。しかし、それでも、力関係から言えば、労働者の方が弱いので、労働者に争議権を与えて対等に交渉ができるようにしているのです。

Ⓠ　**争議とかストライキとか、あまり聞いたことがないのですが。**

Ⓐ　争議というのは、労働条件の改善を求める労働者とこれを拒む経営者との間で合意ができず、生じる紛争のことであり、ストライキというのは、労働条件の改善が実現できるよう集団で稼働を停止することです。昭和から平成にかけては、多くの争議がありましたが、その後、労働組合の組織率は低下し、争議もほとんどなくなり、現在に至っています。憲法上の権利といえども、その権利を行使しなければ、賃金の上昇や職場の改善も期待できないということになります。

Q058　公務員の労働基本権とは何ですか

Ⓠ　**公務員の労働基本権とは何ですか。他の労働者と違うのですか。**

Ⓐ　公務員の場合、公職を全うするため、労働基本権についても各種の制約が存在します。日本国憲法28条は「労働三権」を保障し、同法27条は、すべての国民の勤労する権利と義務を規定しています。そこから考えると、すべての国民に労働三権が保障されるべきことになりますが、現在の法律では、国家公務員及び地方公務員の労働三権は、その全部又は一部が認め

られていません。そこから、公務員の労働基本権をどこまで憲法上制限ができるのかが問題とされてきました。

　郵政民営化以前には、郵便局の職員は、公労法という法律で争議権が否定されていました。そして、郵便局の労働組合の役員をしていた人が争議行為をそそのかしたとして起訴されました。その中で、争議行為を制限する公労法の規定が日本国憲法28条に違反するかどうかが問題となりました。最高裁判所は、その点に関して、①労働基本権を尊重確保する必要性と国民生活全体の利益を維持増進する必要とを比較して、適正な均衡を保つようにすべきだが、その制限は合理的な必要性がある最小限度にすべきこと、②国民生活に重大な障害をもたらすおそれを避けるため、必要やむを得ない場合に限ること、③制限違反に対する不利益は必要な限度を超えず、刑事制裁については必要やむを得ない場合に限ること、④制限に対する代償措置が講じられることの４つの条件を満たすときは、公労法も合憲であるとし、正当な争議行為には労働組合法の規定により、免責されるので、被告人は無罪であると判断しました。

　つまり、公務員は、公務という国民生活全体の利益のため、ある程度争議行為が制限されるのはやむを得ないが、それは必要最小限度にすべきであるとして、これを制限することは、実際に公務にどの程度の支障を与えるおそれがあるのかという観点から、必要やむを得ない場合に限られ、その限度において、争議行為を制限する法の規定も有効であると判断されたものです。

　現在、国家公務員のうち、警察官、海上保安官、刑務所職員などについては、労働三権すべてが認められておらず、一般の公務員は、団結権、団体交渉権はありますが、労働協約を締結することはできず、争議権は否定されています。その代わりに、人事院が、民間給与水準などを勘案して、民間賃金と公務員賃金との間に落差が生じないよう一定の給与を支払うべきことを勧告するという仕組みになっています。地方公務員は、都道府県、

市町村に勤務する人で、国家公務員同様、警察官、消防士など緊急時の対応が必要な職種については労働三権が否定されており、普通の県庁職員や市役所職員などは、団結権、団体交渉権はありますが、労働協約の作成はできず、争議権はありません。その反面、代替措置として、都道府県などでは人事委員会が民間給与、国家公務員についての人事院勧告などを踏まえて、給与の改定を行うことになっています。

Q059　公務員の政治活動の自由の制限とは何ですか

Ｑ　公務員の「政治活動の自由の制限」とは何ですか。

Ａ　「公務員は政治的目的を持って行われる政治的行為が制限される」ということです。公務員について、労働基本権の制限をするのと同じような理由で政治的活動が制限されています。日本国憲法15条2項は、「すべて公務員は、全体の奉仕者であって、一部の奉仕者ではない。」と定めています。政治家は、特定の政党に所属しその政党の方針に従って活動をしていますが、内閣総理大臣や各担当大臣になると、行政を司る公務員ですから、やはり、全体の奉仕者です。支持者のためだけの公務員ではないわけですから、あくまで、国民全体のことを考えて、公務を執行する職責があります。自分の支持者だけを優遇するなどのことはあってはならないことです。

　また、公務員は、全体の奉仕者ですから、特定の政党のために積極的に活動し、全体の奉仕者として公務が遂行されていないという疑いを抱かせるような行為は、ある程度、制限を受けることになると解されています。

　しかし、どのような行為が、公務員としての中立性を害する行為に当てはまるのかと言うと、なかなか難しい問題があります。

　郵政民営化前の郵便局員が選挙用ポスターを掲示板に貼るなどしたことが国家公務員法で禁止されている政治的活動に該当するのかが争われた事

件がありました。一審判決は、機械的労務に携わる現業の国家公務員が、勤務期間外に、国の施設を利用せず、職務を利用することなく行った行為についてまで処罰するのは、必要最小限度の制限とは言えないとして無罪にし、控訴審でも無罪としました。ところが最高裁判所は、政治活動を禁止することについて、①行政の中立的運営と国民の信頼確保という目的は正当であること、②その目的と政治的行為を禁止することに合理的関連性があること、③禁止によって得られる利益と失われる利益との均衡がとれていることを理由として、合憲であると判断をしました。憲法学者からは、合理的関連性というのが緩やかに捉えられ過ぎていること、利益の均衡がとれているかどうかの客観的基準もあいまいであることから、表現の自由に対する制約として疑問が出されています。

　なお、その後、郵便業務が民営化されたことにより、公務員ではなくなりましたが、2021年11月、郵便局長会の指示で、経費で購入したカレンダーを特定の国会議員を支援する顧客に戸別訪問により配っていたという問題が明るみに出て、組織的に特定政党の支援をしていたとして問題になりました。そもそも、どのような政治的立場を支持するのかは個人の自由であり、組織的に特定政党の特定候補を支援するというのは、民営化されたとは言え、問題のある行為であるとして批判を受けています。

Q060　新しい人権とは何ですか

Q　「新しい人権」とは何ですか。

A　「新しい人権」と言われているものには、平和的生存権、プライバシー権、自己決定権、環境権などがあります。2023年現在、衆参両議院に、それぞれ憲法審査会が設けられていますが、参議院憲法審査会では、新しい人権として、国民の知る権利（情報開示請求権）、国民の個人情報を守る

権利（プライバシー権）、犯罪被害者の権利、環境権、知的財産権、司法
への国民参加の権利、生命倫理に関する権利などが検討の対象とされてい
ます。

Q　憲法で認められている人権と、新しい人権は別のものなのですか。

A　全く別というわけではありません。日本国憲法13条は「生命、自由及び
幸福追求に対する国民の権利の尊重」を、同法21条は「表現の自由」を、
同法25条は「健康で文化的な最低限度の生活を営む権利」を、それぞれ規
定しています。以上の新しい人権を認めるとしても、これらの憲法上の人
権に含まれると解釈できれば、「新しい人権」と呼んでいるものを含めて
既に憲法上の権利だと考えることも可能です。また、憲法上の権利でなく
ても、法的保護に値する利益として認めることはできるのではないかとい
う考えもあります。そうすると、今ある法の解釈により、保護することが
できれば、必ずしも憲法を改正しなくてもよいのではないかとも考えられ
るわけなのです。

Q　そのような意味で、新しい権利として認められたものはあるのですか。

A　プライバシー権や情報管理権などは、憲法に明文化されていませんが、
権利として認められています。また、1970年代初期から都会に新しい高層
マンションが建設され、そのため、終日、陽光が入らなくなり、病気にな
ったりする人たちが出てくる問題がありました。そこから、日照を得るこ
とも権利だという自覚が生まれ、受忍限度を超える日照阻害をもたらした
場合、損害賠償すべきだとされ、さらには、その損害が著しい場合には、
建築自体を差し止めることができると解釈され、後に建築基準法に日照制
限をもたらす場合、建築を制限する規定が盛り込まれることになりました。
これがいわゆる日照権です。このように憲法になくても保護すべき利益と
して認められてきた権利はいろいろあるのです。

第3部
統治機構

第14章　国　会

Q061　権力とは何ですか

Q　そもそも「権力」とは何ですか。

A　「権力」とは、少なくとも相手の納得を前提として人を動かすという広い意味での精神的自発性を無視した物理的強制力であり、国家を政治的に統治する力を政治権力と言います。

Q　統治機構として三権分立がありますが、なぜ分かれているのでしょうか。

A　三権分立というのは、権力を立法権、行政権、司法権に分けて、それぞれの権力機関が互いに均衡、抑制し合うことで、権力の集中を妨げるという考えに基づいています。

Q　なぜ「権力」を3つに分けなければならないのでしょうか。

A　いくつかの政策を実行するためには、反対の人々の意見をすべて尊重することはできません。ある程度、強制的に実現する必要があります。しかし、その政策は、国民の意思に沿ったものでなければならず、国民の代表者である国会において議決された法律に基づく必要があります。そして、その法律通りに政策が実行されているのか、その法律が憲法という規範に適合しているのかをチェックすることが必要になります。そのため、行政府の行為とは別に国会が立法し、裁判所がその行為の正当性を確認することが必要となります。

Q　そうだとすると、権力と暴力の違いはどこにあるのですか。

A　権力は法的裏付けがありますが、暴力は法的裏付けがありません。そこに違いがあります。それが「法の支配」です。

　　ローマ神話にユースティティアの女神がいます。ラテン語で正義の女神

（英訳では、Lady Justice）と言います。ギリシャ神話のウラノスとガイアの娘であるテミスも法と正義の女神と言われています。右手に剣（つるぎ）、左手に秤（はかり）を持ち、しばしば目隠しをしています。見えるものによって差別することなく、公平に剣の力を行使するのが正義です。もし、少しでも天秤が傾くと、その剣はたちまち暴力の剣になってしまいます。民主主義社会においても、権力はそれぞれの時代の多数決によって行使されます。しかし、多数が常に正しいとは限りません。法典に権利が掲げられていても、時として権利の濫用として排除しなければならない場合もあります。多数の者が少数者を差別する立法をしたならば、その法は少数者に対しては暴力であり、司法権力は、憲法秩序の正義に則り、この暴力を排除しなければなりません。それが司法府の役割です。多数者が決めたことだからという理由で司法がその権限を行使するのを止めれば、そこには多数の暴力が支配する世界が誕生します。

Ⓠ　天秤が傾いた状態で剣を振り下ろせば暴力になるということなんですね。

Ⓐ　暴力というのは法的正義の裏付けのない力であり、権力というのは正義の裏付けがある力でなければなりません。これは、私たちの日常生活の中でも、至る所に潜んでいます。力のバランスが不均衡なところに暴力はいつでも顔を出します。ですから、私たちは、何らかの決まりを誰かに従うよう求めるとき、それが暴力にならないよう本当に天秤に傾きがないかどうか、常に心がけることが必要です。少しでも傾いていれば、その剣は、暴力となって相手に振り降ろされ、その人を傷つけることになります。権力は、いつでもちょっとしたずれで、暴力になり得るということを考える必要があるのです。

Q062　三権分立とは何ですか

Ⓠ　**日本国憲法では、三権分立をどのように規定しているのでしょうか。**

Ⓐ　日本国憲法では「日本は三権分立です」と規定している条文はありませんが、以下の条文をもって、三権分立であることを示しています。Q061で述べたように、三権分立というのは、権力を立法権、行政権、司法権に分けて、それぞれの権力機関が互いに均衡、抑制し合うことで、権力の集中を妨げるということです。

　「国会は、国権の最高機関であつて、国の唯一の立法機関である。」（日本国憲法41条）というように「国会」が「唯一の立法機関である」と主語の形で規定されています。

　これに対し「行政権は、内閣に属する」（日本国憲法65条）とし、行政権が内閣に帰属することを明らかにしています。また、「すべて司法権は、最高裁判所及び法律の定めるところにより設置する下級裁判所に属する」（同法76条１項）として、司法権が裁判所に帰属することを明らかにしています。大日本帝国憲法（明治憲法）下では、天皇の司法大権に基づき、軍人については軍法会議という名前の軍事裁判所が「軍隊指揮権を強固に維持し、指揮命令系統を守る」ため、裁判権を持っていました。軍法会議は、現在の防衛省のような役割を担っていた兵部省という行政機関に属していました。現行の日本国憲法では、このように行政機関が司法権（裁判権）を持つことは、一切認めないというのが「すべて」という文言に表現されています。自衛隊員も国民ですから、裁判所において裁判を受ける権利を持っており、この裁判所は司法権に属する裁判所を指していますから、司法権を持つ裁判所以外の機関による裁判は認められません。

Ⓠ　**なぜ三権を分立させる必要があるのでしょうか。**

Ⓐ　民主主義は、国民の利益を守るためにあります。そのため、法律を作る

権限を国会に与え、その法律に基づいて行政を行う権限を内閣に与え、国会や内閣が憲法で保障された国民の基本的人権を守っているのかどうか、また、内閣が法に従った行政を実施しているのかをチェックする権限を裁判所に与え、権力が一つの機関に集中するのを避けています。

　権力機関の間にチェックアンドバランス（抑制と均衡）をどこで図るのかについては国によって違います。日本は、議院内閣制をとり、行政権が帰属する内閣の長である内閣総理大臣は、国会議員の中から国会の議決で指名をする（日本国憲法67条1項）とされています。米国の場合は、行政権の長である大統領を国民の直接選挙により選びます。大統領には議会を解散する権限はなく、議会も大統領を不信任決議により辞めさせることはできません。そこで権力の抑制と均衡を図っています。フランスは、半大統領制と呼ばれ、選挙で選ばれる国家元首としての大統領とは別に大統領が任命する内閣の長である首相がいます。首相が内閣を率いて法案の提出も行います。そこでは大統領と首相との間のチェックアンドバランスも働いているのです。

Q063　国会とは何ですか

Q　国会とは何ですか。

A　国会は、「国権の最高機関であって、国の唯一の立法機関」（日本国憲法41条）です。国家権力は、立法権、行政権、司法権に分立されていますが、国会は、その中で「唯一の」立法機関であるというだけではなく「最高機関」だと言うのです。

　国民主権の根幹にあるのは、国民は国民の代表者がつくったルールにのみ従うということであり、国会は、この国民の代表者によって構成されるルール作りの唯一の機関であるという意味で、三権の中でも「最高」の機

関として位置づけられているのです。

Q　国会と内閣と裁判所は同等の独立した機関ではないのですか。

A　やはり、法治主義国家においては、どのような法制度を設けるのかが最も重要だと考えられているのです。この「最高機関」としての性格は、行政権の帰属する内閣のトップである内閣総理大臣は、国会議員の中から、国会の議決により指名される（日本国憲法67条1項）ところにも現われています。また、内閣を構成するその他の国務大臣は内閣総理大臣が任命し（同法68条）、内閣は国会に対し連帯責任を負う（同法66条3項）とされています。また、衆議院は内閣に対し、不信任決議案を可決できます。その場合、内閣は衆議院を解散するか総辞職するかを選ばないといけません（同法69条）。また、裁判所との関係では、裁判所が違憲立法審査権を持つ（同法81条）反面、衆議院と参議院の議員で構成される弾劾裁判所が裁判官を罷免する権限を持っています（同法64条）。

Q　国会が最高機関なら、そこで決めたことは絶対ではないのですか。

A　国会が最高機関であれば、そう考えてもおかしくないですが、民主主義の中には少数者の人権の尊重も含まれています。したがって、全員一致の立法であっても、少数者の基本的人権を侵害する場合には、司法部は、これを違憲・無効なものとして排除することが必要です。そのため、裁判所に国会の立法が憲法に違反をしていないか審査する権限を与えているのです。そこから、単なる「民主主義」ではなく、憲法を重視する「立憲民主主義」という表現も出てきますし、また、日本の憲法は、英米法由来の「法の支配」の考え方も引き継いでいると言われます。

　　日本国憲法42条は、「国会は、衆議院及び参議院の両議院でこれを構成する。」とし、どちらも「全国民を代表する選挙された議員でこれを組織する。」（同法43条1項）とされています。その議員の定数、議員の資格及び選挙人の資格は法律によって定められますが、その際、「人種、信条、性別、社会的身分、門地、教育、財産又は収入によって差別してはならな

い。」とされています（同法43条2項、44条）。これは例示であり、被選挙権、選挙権のいずれについても、合理性のない差別は許容されないと解されています。それを定めた法律が公職選挙法です。選挙権は18歳以上のすべての国民が持っており、18歳になれば、平等に一票を持つことになるのです。

Q064　二院制とは何ですか

Ⓠ **国会には衆議院と参議院がありますが、なぜ2つの議院が必要なのですか。**

Ⓐ　そうですね。どちらも国民の代表なら一つでもよさそうですよね。そこには歴史的な経緯があるのです。

　議会発祥の地である英国では、14世紀に貴族や聖職者から構成される上院（House of Lords）と騎士や市民から構成される下院（House of Commons）との二院制が成立しました。国王が行政権を持ち、上院及び下院から構成される議会と衝突を繰り返しながら、次第に議会が力を持ち、さらに、貴族よりも一般市民が力を持ち始めると、上院よりも下院の方が優勢になっていきました。この上院と下院という区分は、米国にも持ち込まれ、米国議会も上院と下院に分かれています。

　明治憲法下の帝国議会は、こうした西欧の議会制度を取り入れ、貴族院と衆議院の二院から構成されていました。貴族院の議員は皇族・華族・多額納税者の代表などによって構成され、衆議院の議員は、国民の選挙で選ばれました。つまり国民の代表と言えるのは衆議院議員であり、また、選挙権を持つのは、当初は男性の多額納税者のみでした。1925年に普通選挙法が成立してからは、納税額にかかわらず、25歳以上の男性のみに選挙権が与えられました。そして、戦後、貴族院が廃止されたのを契機に一院制

にする余地もあったはずですが、明治憲法下の二院制を踏襲し、貴族院を参議院に改め、衆議院との二院制が取り入れられたのです。

🅠　歴史的経過は分かりましたが、それなら一院制でもよくないですか。

🅐　当時は、参議院は解散がなく任期が６年と長いので、じっくりと考える良識の府であるとされ、衆議院の議決を良識の府である参議院がチェックをするという考え方があったようですね。一般的な二院制の意義について、憲法学者は、①議会の専制の防止、②下院と政府との衝突の緩和、③下院の軽率な行為・過誤の回避、④民意の忠実な反映などを指摘しています。

　　衆議院と参議院の権能の違いをみると、衆議院には、内閣に対し不信任決議ができる、予算を先議できるという権能があり、また、法律、予算の議決、条約の承認、内閣総理大臣の指名において参議院に優越するとされています。

　　また、選挙権は、衆参両議院議員について同じく18歳以上ですが、被選挙権は、衆議院議員は25歳以上、参議院議員は30歳以上であり、社会経験の長い者から参議院の議員を選ぶ形になっています。

Q065　選挙制度とは何ですか

🅠　選挙の仕組みは、どのようになっているのですか。

🅐　日本国憲法は、国民に衆議院議員、参議院議員を選挙する権利があることを定めていますが、その具体的な内容については法律に委ねています。その法律が公職選挙法（公選法）です。公選法は幾度となく改正され、2021年６月に第63次改正がされています。現行の日本国憲法制定以来、1994年までは中選挙区制が採用されていましたが、1994年以降は小選挙区制比例代表制が採用され現在に至っています。

　　中選挙区では、１つの選挙区で数人が選出されるため、死票が少なく、

国民の選択が議員数に反映されやすいと言われています。しかし、その反面、支持政党が多様化していると、どの政党も多数を占めることができず、政策が不安定になりやすいという側面があります。これに対し、小選挙区制は、1つの選挙区で1人しか選出されないため、相対的に多数の支持を得ている政党からの立候補者がどの選挙区でも選出されることになり、例えば、2～3割の得票率しかなくても、他の政党候補者がより少なければ、どの選挙区でも第1党として当選でき、実際の当選議員数の割合と得票割合とに乖離が生まれ、政局は安定しますが、民意が反映されにくいことになります。そこで、政党ごとの得票割合が議員数に反映されやすい比例代表制を併せて採用しているのです。

Ⓠ 投票率が低ければ、同様に民意は反映されないのではないですか。

Ⓐ そうですね。国政選挙における投票率の推移（総務省）を見ると、小選挙区制になるまでの期間は、67～77％の間を推移していましたが、1996年に小選挙区制になってからは、50％台に低下し、2009年には70％近くまで回復したものの、2014年には52.66％まで低下し、その後も2017年に58.68％、2021年に55.93％と低い水準で推移しています。20歳代だけでみると、2014年、2017年、2021年の投票率は、それぞれ、32.58％、33.85％、36.58％となっており、他のどの世代よりも投票率は低く、全体のわずか3分の1という危機的水準にあります。選ぶに値する被選挙人がいない、自分が投票しても全体が変わるわけではない、誰に投票しても同じだ、選挙などどうでもよいという無力感があるのだとすると、民主政治の危機でもあります。貴重な1票を投じることによってしか政治は変わりませんし、逆に国民の意思に反した政治が行われることにもなります。ぜひ日本の政治を決めるのは自分自身だという自覚を持って、選挙に臨んでいただきたいと思います。

Q066　国会議員の不逮捕特権とは何ですか

Ⓠ　**国会議員には逮捕されない特権があるのは、なぜですか。**

Ⓐ　日本国憲法50条は、「両議院の議員は、法律の定める場合を除いては、国会の会期中逮捕されず、会期前に逮捕された議員は、その議院の要求があれば、会期中、これを釈放しなければならない。」と規定しています。これを国会議員の不逮捕特権と呼んでいます。

　これは、欧米で認められてきたものを日本の憲法に取り入れたものなのです。歴史的に見れば、西欧では、王が行政権を握っており、これに対し、貴族や市民が議会を作り、王権の行政権の行使を議会の決議により制限してきたのです。王からすれば、議会は自分の行政権力を縛ろうとするものであり、うるさい議員を逮捕して排除したい。議員側からすると、何とか逮捕されずに議会での活動を継続したい。そこで誕生したのが不逮捕特権です。国王は、議会が開催中は議員を逮捕できないし、逮捕した議員がいても議院の要求があれば釈放しなければならない、このような原則を確立して王権に対峙したわけです。

Ⓠ　**今の日本の議院内閣制の下で、国会議員の不逮捕特権を認める理由は何かあるのでしょうか。**

Ⓐ　①議員の身体の自由を保障し、政府の権力によって議員の職務の執行が妨げられないようにすること、②議院の審議権を確保することの2つが不逮捕特権を与える理由として挙げられています。

　国会法33条において、「各議院の議員は、院外における現行犯罪の場合を除いては、会期中その院の許諾がなければ逮捕されない。」として、現行犯逮捕の場合及びその議員の所属する院の許諾のある場合には、逮捕できるとしているのは、そのような理由からです。

Ⓠ　**不逮捕特権が必要であると言えるのは、どのような場合でしょうか。**

Ⓐ　政権与党が野党議員を排除するため、不当に野党議員を逮捕しようとすることから議員を守るという図式は現代でも考えることができますね。しかし、議院の逮捕許可は、議院の多数派が持っているので、結局、議院内閣制の下では、行政権から議会を守るという発想にはなりにくいものがあるようです。

　　国民の代表者が議会で活動するためという目的は分かりますが、改めて誰のための不逮捕特権なのかということを考える必要がありそうです。

Q067　国会議員の発言免責特権とは何ですか

Ⓠ　**国会議員の発言が免責されるのは、どうしてですか。**

Ⓐ　日本国憲法が定める国会議員のもう一つの特権が発言免責特権です。日本国憲法51条は、「両議院の議員は、議院で行った演説、討論又は表決について、院外で責任を問はれない。」と規定しています。

　　この「議院で」というのは、もちろん場所のことではなく、「議院が開かれている際に」の趣旨であり、そこで政府や内閣を批判しても、そのことについて院外で責任を問われることはないことを明示したものです。これも元々は、英国の国王と議会とのせめぎ合いの中で、国王が議会における議員の王政批判を封じるためにその発言の責任を問おうとするのを防ぐという意味合いがあったものです。

　　最高裁判所の判決（平成９年９月９日民集51巻８号3850頁）は、「国会議員が国会で行った質疑等において、個別の国民の名誉や信用を低下させる発言があったとしても、これによって当然に国家賠償法１条１項の規定にいう違法な行為があったものとして国の損害賠償責任が生ずるものではなく、右責任が肯定されるためには、当該国会議員が、その職務とはかかわりなく違法又は不当な目的をもって事実を摘示し、あるいは、虚偽であ

ることを知りながらあえてその事実を摘示するなど、国会議員がその付与
された権限の趣旨に明らかに背いてこれを行使したものと認め得るような
特別の事情があることを必要とすると解するのが相当である。」と判示し
ています。

　つまり、誰かの名誉や信用を低下させる発言をしたとしても、その発言
が国会議員の仕事とは関係がなく、違法又は不当な目的でした発言である
こと、あるいは、事実はそうでないと知りながら虚偽の事実を述べて名誉
や信用を低下させたことなどの特別な事情があれば、議員の免責特権は及
ばないということです。特別な事情ですから、名誉や信用を違法に低下さ
せたと主張する側が上記のような事情があったことを積極的に主張し、立
証しないと国家賠償法による責任を問うことはできないということになり
ますし、また、その反面、議会で何を発言しても免責特権を受けるという
わけではないということを示しています。

Q068　会期とは何ですか

Q　国会にはどうして会期というものがあるのでしょうか。

A　国会では、新しい法律を制定したり、古い法律を改正したり、予算案を
議決したり、政府の活動に対し、報告を求めたり、対策を求めたりします。
政府は、国会から責任を追及されないよう、しっかりと国民のために行政
を行う、この歯車がよい方向に向うとよい政治が生まれます。そのために
は、国会議員間で論戦をしたり、政府と議論をしたりすることが必要にな
ります。しかし、他方で、政府は政府として、国会は国会として、その準
備期間も必要ですよね。そのため、国会の会期というものが設けられてい
るのです。

Q　国会の会期は、どのようになっているのでしょうか。

Ⓐ 国会の会期には、「常会（通常国会）」が年に一度開かれます（日本国憲法52条）。さらに、内閣は「臨時会（臨時国会）」を招集することができ、また、いずれかの議院の総議員の４分の１以上の要求があれば、招集しなければなりません（同法53条）。これとは別に衆議院議員総選挙後の「特別会」（特別国会）があります（同法54条１項）。また、衆議院が解散されたとき、参議院は閉会になりますが、緊急の必要があるときは、内閣は参議院の「緊急集会」を求めることができます（同法54条２項）。緊急に必要な場合に国会を開けないと困ります。そのため、憲法は、いつでも対応できるよう会期を準備しているのです。

　通常国会の会期は、１月に招集され（国会法２条）、会期は150日間です（同法10条）。臨時会及び特別会の会期は、その都度、両議院の一致の議決で定めます（同法11条）。国会の会期は、両議院一致の議決で延長できますが、常会は１回、特別会及び臨時会は２回までです（同法12条）。国会の会期は、招集の当日から起算します（同法14条）。

　会期中の国会は、公開です（日本国憲法57条１項本文）。ただし、出席議員の３分の２以上の多数で議決したときは、秘密会を開くことができます（同法57条１項但し書き）。公開の場合、誰でも見に行くことができます。

Ⓠ　国会で議論した記録を見ることはできるのですか。

Ⓐ　はい、できます。国会の議事録は、両議院で保存し、秘密会を開いた場合でも、特に秘密を要すると認められるもの以外は、これを公表し、かつ、一般に頒布しなければならないとされています（日本国憲法57条２項）。したがって、誰でもネットの国会会議録検索システムを使って、いつでも議事録を見ることができますので、ご自身が興味のあることを上手に検索して、普段から議事録を開いて読む習慣を身に付けてください。どの議員がどのような発言をしているのかを見て、投票行動につなげることも、主権者において必要な行動なのです。

Q069　国会の権能とは何ですか

Ⓠ　**国会は、どのようなことができるのでしょうか。**

Ⓐ　国会は、法律を制定するほか、予算その他国の財政に関する議決を行い、条約の締結を承認し、内閣総理大臣を指名し、また、憲法の改正を発議するなどの権能が認められています。

　国会の権能については、次のとおり、日本国憲法は多くの条項を置いています。

①憲法改正の発議権（日本国憲法96条）

　「この憲法の改正は、各議院の総議員の３分の２以上の賛成で、国会が、これを発議し、国民に提案してその承認を経なければならない。」としています。内閣が憲法を変えたいと思っても、国会の発議が必要です。

②法律の議決権（同法59条）

　「法律案は、この憲法に特別の定のある場合を除いては、両議院で可決したとき法律となる。」のが原則です。衆参で異なる場合、衆議院の出席議員の３分の２の議決で成立します。参議院が休会中を除いて60日以内に決議しないときは否決とみなされます。

③内閣総理大臣の指名権（同法67条）

　「内閣総理大臣は、国会議員の中から国会の議決で、これを指名する。」とされ、衆参で指名が異なれば両院協議会を開き、一致しないときは衆議院が優先します。参議院が衆議院の議決後10日以内に議決しないときは衆議院の議決によります。

④弾劾裁判所の設置権（同法64条）

　「国会は、罷免の訴追を受けた裁判官を裁判するため、両議院の議員で組織する弾劾裁判所を設ける。」とし、裁判官は心身の故障で仕事が

できない時を除いては、この弾劾裁判所で罷免されない限り、身分は保障されます。

⑤予算議決権（同法60条）

「予算は、先に衆議院に提出することとし、衆参で異なる議決をした場合において両院協議会を開いても一致しないとき、又は、衆議院議決後休会中を除き30日以内に決議しないときは、衆議院の議決を国会の議決とする」としています。

⑥条約承認権（同法61条）

条約の締結に必要な国会の承認について衆参で異なる議決をした場合の取扱いは、⑤と同じです。

国会は、国権の最高機関として、立法するだけではなく、内閣及び裁判所に対しても、その権能を持っています。多くの場合、衆議院の方が参議院に優先することが分かります。

■国会の権能

種　　類	条　　文	意　　義
憲法改正発議権	96条	各議院の総議員の３分の２以上の賛成で発議
法律議決権	59条	両議院の過半数の決議が原則
内閣総理大臣指名権	67条	国会の議決で指名。異なる場合、衆議院が優先
弾劾裁判所設置権	64条	両議院の議員で組織する
予算議決権	60条	両議院の過半数の決議。異なる場合、衆議院が優先
条約承認権	61条	両議院の過半数の決議。異なる場合、衆議院が優先

Q070　議院の権能とは何ですか

Q　国会の権能とは別に各議院固有の権能があるようですが、それはどのよ

うなものなのでしょうか。

Ⓐ　日本国憲法では、次のとおり、各議院にもいろいろな権能を与えています。

①議院自律権

　ア　議員釈放要求権（日本国憲法50条）

　　会期前に逮捕された議員がいる場合、その議員の所属する議院は、議院の業務の遂行のため、釈放を求めることができます。これは国会が行政権の行使を抑制する場面であり、王権と議会の関係を想起すると理解しやすいだろうと思います。

　イ　議員資格争訟権（同法55条）

　　公職選挙法は、被選挙権を有する者及び有しない者を定めていますが、立候補当時は判明せず、被選挙権を有するものとして扱われ、選挙により当選した後に資格の有無が争われた場合、国会議員の資格に関することであり、議院の自律権を尊重して、各議院で裁判をすることができ、出席議員の3分の2以上の多数の議決で資格を失わせることができるとしています。

　ウ　役員選任権（同法58条1項）

　　両議院は、各々その議長その他の役員を選任するとして、議長等の選任を議院の権限としています。議院の運営については議院が権限を持つことを明示したものですが、「役員」の範囲は憲法には記載がありません。

　エ　議院規則制定権（同法58条2項本文前段）

　　両議院は、各々その会議その他の手続及び内部の規律に関する規則を定めることができるとされています。しかし、国会法でも各々の議院の規律について規定をしており、どちらが優先するのか憲法上はっきりしていません。

　オ　議員懲罰権（同法58条2項本文後段及び但し書き）

両議院は、院内の秩序を乱した議員を懲罰することができます。ただ
し、議員を除名するには、出席議員の３分の２以上の多数による議決を
必要とすると規定されています。近時、この議決により、参議院から除
名され、議員の地位を失う事例がありました。

②国政調査権（同法62条）

　両議院は、各々国政に関する調査を行い、これに関して、証人の出頭
及び証言並びに記録の提出を要求することができると規定されています。
欧米にも同様の規定があり、議院の権能を行使するための補助的な権限
であると理解されています。

■議院の権能

	種　類	条　文	意　義
議院自律権	議員釈放要求権	50条	逮捕された議院の釈放を求める
	議員資格争訟権	55条	出席議員の2／3以上で資格喪失
	役員選任権	58条１項	議長等各議院の役員を選任する
	議院規則制定権	58条２項本文前段	各議院の手続等の規則を制定する
	議員懲罰権	58条２項本文後段但書	院内秩序を乱した議員の懲罰。出席議員の2／3以上で除名
国政調査権		62条	証人の出頭、記録の提出等を求める国政に関する調査権限

第15章　内　閣

Q071　行政権とは何ですか

Ｑ　「行政権」とは、何を指しているのでしょうか。

Ａ　「行政権」とは、国家権力から立法権と司法権を除いたものだという定

義が憲法学の通説になるくらい、その範囲を明示することが難しいものです。行政権の内容は、時代と共に変わってきているため、明確な定義ができないのです。

Ⓠ　**それは、どうしてなんですか。**

Ⓐ　近代国家が成立した当初、国家機関は、市民の自由と権利を保護するため最低限度のことをすればよく、市民が自由と権利を行使するのを妨害してはならないという考え方に立っていました。いわゆる自由放任主義により、見えざる手の導きで国は豊かになると考えられたのです（アダム・スミス『国富論』などを参照）。しかし、それでは有効需要の不足により、不況に陥り、失業者は増大し、物価は低迷し、経済活動も低迷するに至ることが分かりました（ジョン・メイナード・ケインズ『雇用、利子、貨幣の一般理論』などを参照）。そこで、これを克服するため、世界の自由主義国は、不況時には金利を下げて資金の流動化を図り、財政支出により、経済の下支えをして失業者を吸収し、他方、規制緩和により、経済活動の活発化を図る、物価上昇時には、逆に金利を上げて、財政支出を抑えて物価上昇を抑制するなど市場への介入を強めるという積極的な政策を採るに至っています。また、他方で、社会主義国、共産主義国に対抗するため、多くの国々が積極的に財政支出をして福祉政策を採るようになり、政府の国家への介入は著しく増大していきました。現代社会の政府の役割は非常に大きくなっており、行政がやるべきことと民間がやるべきこととの境界は、絶えず変動しています。そのため積極的に行政の範囲を明確にできないのです。その結果として行政権の行使する対象も特定できず、定義するのが難しいということになります。

Ⓠ　**なぜ、行政の範囲は変動を続けるのでしょうか。**

Ⓐ　例えば、自由に活動し自由に競争したい大企業は、できるだけ国家の規制を排除し、労働力を必要に応じて調整できるよう流動化させ（転職と非正規労働者の増大化）、企業への税負担を減らす政策（企業減税）を求め

ます。他方、中小企業で働く多くの国民は、大企業による圧迫を排除し、著しい経済格差（貧富の差）をなくし、働く環境の安定（正規雇用、賃金の保障、職場環境の改善）を求め、働けなくなったときのセーフティ・ネット（雇用保険・年金等の福祉の充実）を求めます。政府は、こうした双方のニーズの中で、小さな政府を求めて前者に傾いたり（英国のサッチャー政権、米国のレーガン政権、アベノミクス、ミルトン・フリードマンの新自由主義の政策など）、大きな政府を求めて後者に傾いたり（米国のF・ルーズベルト政権、ケネディ政権、J・M・ケインズ的な福祉国家政策など）しながら、行政のやるべきことが絶えず動いているのです。

　以上のように、行政とは何かというのは、決まったものではなく、国民である皆さんが決めるべきことなのです。どのような政策が誰にどのような影響を与えるのかをしっかりと見据えて、あるべき行政の姿を考えるのは、国民の役割です。

Q072　内閣とは何ですか

Q そもそも内閣というのは何をするところでしょうか。

A 内閣は、①法律の誠実な執行及び国務の総理、②外交関係の処理、③条約の締結、④官吏に関する事務の掌理、⑤予算の作成及び国会への提出、⑥政令の制定、⑦恩赦の決定などのほか、一般の行政事務を行います（日本国憲法73条）。

　日本国憲法は、「行政権は内閣に属する。」（同法65条）としており、「内閣は、法律の定めるところにより、その首長たる内閣総理大臣及びその他の国務大臣でこれを組織する。内閣総理大臣その他の国務大臣は、文民でなければならない。」（同法66条）とし、「内閣総理大臣は、国務大臣を任命する。但し、その過半数は、国会議員の中から選ばれなければならな

い。」（同法68条）と定めています。

Ｑ　**「文民」とは何ですか。**

Ａ　「文民」というのは、civilianの日本語訳であり、対立する語は武官（military officer）です。civilianには、公務員に対する民間人の意味もありますが、civilian control（シビリアン・コントロール：文民統制）の意味で使われています。シビリアン・コントロールというのは、職業軍人を一般市民がコントロールをするという原則です。

　各国には、常備軍があり、軍事的訓練を受けています。一般に軍人は軍部の拡張を求め、軍事的解決に傾きがちであり、時に軍事クーデターを起こして民主的政権を覆すこともあります。明治憲法時代には、天皇が軍隊統帥権を持っており、シビリアン・コントロールが働かず、軍部が時の首相を殺害するなどして独走し、戦争を拡大させたという歴史があります。そのため、民主国家においては、軍人を文民の指揮命令下に置く必要があるのです。

Ｑ　**大臣の過半数が国会議員でなければならないのはどうしてですか。**

Ａ　大臣の過半数が国会議員でなければならないというのは、議院内閣制の表れです。国会が最高の機関であり、国民から選ばれた代表者である国会議員が中心となって内閣を組織し、内閣は国会に責任を負うという制度になっています。米国大統領を直接国民が選挙し、大統領に多くの行政権限を委ねる米国の制度とは異なるものです。

Ｑ　**司法権はすべて裁判所に帰属するのに、行政権はすべて内閣に帰属するとなっていないのはどうしてですか。**

Ａ　行政権は、基本的に内閣に属しますが、国会は「唯一」の立法機関と記載され、裁判所は「すべて」の司法権と記載されていますが、すべての行政権が内閣に属するとは記載されていません。行政には継続性、安定性が必要であり、内閣が替わるたびに行政の内容が一気に変わってしまうと、行政に混乱が生じます。また、行政の中にも、政党の圧力を受けない中立

的な、内閣から独立した行政委員会が必要とされています。そのため、内閣の下には官僚機構が存在し、また、内閣から相対的に独立性を持つ独立行政委員会が存在しています。その時々の政権に左右されない継続性のある機関や中立的な機関が必要とされているのです。そのため、しばしば官僚と内閣（政治家）との軋轢が生じることになります。

Q073　議院内閣制とは何ですか

Ⓠ　立法権と行政権と司法権の三権に権力機関を分けることによって、権力の集中による独裁を防ぐというのは分かりましたが、同じく三権分立の考え方をとるとしても、大統領のいる国、大統領と首相の両方がいる国、首相はいるが、大統領はいない国など、その仕組みは様々です。日本の憲法が採用している議院内閣制というのは、どのような特徴を持っているのでしょうか。

Ⓐ　議院内閣制の発祥の地は英国であり、君主（国王）が元首として君臨しますが、王侯貴族によって構成される上院と市民によって構成される下院とが議会を構成し、下院で多数を占める政党の党首が内閣を組織し、議会を通して国民に責任を負うというのがもともとの議院内閣制なのです。議会は内閣不信任決議権を持ち、元首は内閣の助言と承認の下で、議会の解散権を持つことで相互に抑制しながら協働する仕組みが作られていたのです。そして、次第に市民が力を持ち、国王の権力が名目化するにつれて、君主の議会解散権は無実化していきました。そこから、議院内閣制にとって、議会と政府（内閣）の分立、政府（内閣）が議会（主に下院）を通して国民に責任を負うというのが議院内閣制にとって本質的なものであり、内閣の議会解散権は、議院内閣制にとって必ずしも本質的なものではないと解する見解が有力に主張されています。

　日本国憲法は、上記の2つの本質的要素、すなわち、内閣の連帯責任の原則（日本国憲法66条3項）と議会の内閣不信任決議権（同法69条）を備えていることから、議院内閣制を採用しているとされています。多数党の党首が内閣を構成することによって、内閣優位の議会政（cabinet government）を具現していると言えます。また、権力の集中を避けるという意味では、議会に政権交代可能な野党がいて、議会が内閣を牽制しながら、少数意見も反映される政策決定が実行されることが望ましいと考えられているのです。

　ところで、日本国憲法69条は、内閣は、衆議院で不信任決議案を可決し、または信任決議案を否決したときは、10日以内に衆議院が解散されない限り、総辞職しなければならないと規定し、日本国憲法7条三号は、天皇の国事行為として、「衆議院を解散すること」を掲げています。これは、英国の議院内閣制にあった国王の議会解散権に倣ったものですが、内閣に議院解散権があるとは明示していません。ただ、これらの規定から内閣に衆議院解散権があると解釈されているわけです。

第16章　裁判所

 司法権とは何ですか

Q　そもそも「司法権」というのは、何でしょうか。

A　司法というのは、具体的な争訟について、法を適用し、宣言することによって、これを裁定する国家の作用であり、その権能が司法権だとされています。日本国憲法76条1項で「すべて司法権は、最高裁判所及び法律の定めるところにより設置する下級裁判所に属する。」と定めています。明

治憲法57条1項は、「司法権ハ天皇ノ名ニ於テ法律ニ依リ裁判所之ヲ行フ」と定め、戦前は、司法権は天皇に属していました。現行の日本国憲法では、「すべて司法権は」とあるように一切の司法権が裁判所に帰属することとされています。自力救済を許さないことによって秩序を維持し、衡平、公正な解決を期するところに、その目的があるわけです。

　例えば、子どもを殺された場合、殺した人間に死んで詫びてほしいと思うのは親の人情であり、貸した金を返してくれないときは、借主の家に行って金目のものを持ち帰りたいという気持ちになることもあるでしょう。しかし、そのような自力による救済を自由に認めれば、社会秩序は維持できません。そこで、法的な正義が実現できるよう判断をする権限を国家が持ち、国民は裁判を受ける権利を通じて、その権利の実現を図ることが求められるわけです。また、犯罪行為については、国が法律に従って処罰することとし、自力による復讐（仇討ち）を認めないこととした訳です。国家が持つそのような権限を司法権と呼んでいるわけですね。

Ⓠ　どこの国でも司法権は、すべて裁判所が持っているのですか。

Ⓐ　国によって違います。ドイツ、フランスなどの大陸法系では、民事・刑事事件のみが司法の対象であり、行政の違法を争う行政事件は、行政府に属する行政裁判所が扱うことになっています。明治憲法も、通常の裁判所とは別に行政裁判所を設置していたのです。他方、英米法系では、行政事件も含めて司法に属するものとして扱っており、現行の日本国憲法は、これを承けて、通常裁判所において行政事件も取扱う仕組みになっています。

　なお、大陸法とは、ドイツ、フランスなどを中心とするヨーロッパ大陸諸国の法で形式上は成文法主義（法典化）が特色です。これに対して、英米法は、英国で発展し、米国その他に継受され、判例法、慣習法を中心とする不文法が多いことを特色とします。そのため、英国には、まとまった成文憲法典というものはありません。

Ⓠ　司法権の対象となるのは、どのような争訟（訴訟を起こし、それを通し

て争うこと）なのでしょうか。

A 法律上の争訟であり、かつ、具体的な事件に限られます。また、独立した裁判官により適正な手続によって行われ、その判断の理由が明示されることも司法の概念に含まれます。ただし、裁判所の判断だから常に正しいというものではなく、資格のある裁判官が適正な手続により、独立して職権を行使し、その判断について合理的な理由説明がされることがなければ、司法権の存在意義はなくなります。問答無用の判断ではなく、合理的な理由説明が不可欠です。それが選挙で選ばれていない裁判官が国民の信頼を得るのに最も重要なことなのです。十分に納得のできる理由説明を欠く判決では、司法への信頼は喪われてしまいます。多くの人々の納得の得られない理由説明では、司法への信頼は喪われます。

Q075　違憲立法審査権とは何ですか

Q 「違憲立法審査権」とは何ですか。

A 「違憲立法審査権」というのは、憲法に違反をする立法がされていないかどうかをチェックする権限です。日本国憲法81条は、「最高裁判所は、一切の法律、命令、規則又は処分が憲法に適合するかしないかを決定する権限を有する最終裁判所である。」と規定しています。これを違憲審査権あるいは違憲立法審査権と呼んでいます。

　司法における違憲（立法）審査の方法として、①憲法裁判所を設けて、具体的な個々の裁判を前提としないで、法令そのものの違憲性を判断する大陸型（抽象的違憲審査制）と、②通常の裁判所が具体的事件の判断をするに際して必要な限度において、その前提となる法令の違憲性を審査する米国型（付随的違憲審査制）とがあります。日本国憲法81条は②を定めたとするのが通説判例です。また、「最高裁判所は」とありますが、「最終

の」とあるように下級審裁判所も憲法と法律に拘束され違憲審査権を持つとするのが判例及び実務です。

Q どのような場合に違憲だとされるのでしょうか。

A 例えば、過去に次のような事例があります。婚姻外で生まれた子（嫡出でない子）の相続分は、夫婦の間に生まれた子（嫡出子）の相続分の2分の1とするという民法の条文がありました。これに対し、同じ子どもなのに、なぜ父母が婚姻している間に生まれた子とそうでない子とで相続に際して差別されるのか、これは法の下の平等に反するとして、同じ相続分による遺産分割を求めた事件で、最高裁判所は、2013年に15人全員一致の意見で、合理性のない差別であり、日本国憲法14条に違反すると判断し、その条文は削除されました。

米国には、違憲の判断をしなくても解決が可能であれば、違憲判断は回避すべきだという準則があります。相続分割合は法定されており、これを違憲・無効にしなければ、解決できなかったのです。

ところで、昔、日本と米国との安全保障条約が憲法の平和主義に違反するとして争われた事件（砂川事件）がありました。一審の東京地裁は、我が国が日本と直接関係のない武力紛争に巻き込まれるおそれがあり、米国の駐留軍は日本国憲法9条2項の「戦力」に該当し違憲であると判断しました。これに対し、最高裁判所は、外国の軍隊は「戦力」に該当しないとしたうえ、安保条約は高度の政治性を有するものであって、一見極めて明白に違憲・無効であると認められない限り司法審査に馴染まないとしました。このような考え方を統治行為論と呼んでいます。高度に政治性のあるものについて裁判所は判断しないとしたのです。そのため、日本の軍隊に相当する自衛隊は世界第5位あるいは第8位の戦力を持ちながら、戦力を持たないという条文と併存する状態が続いています。

Q076　三審制とは何ですか

Q　裁判所では三審制がとられていると聞きましたが、三審制とは何ですか。

A　裁判官は、憲法及び法令に従って裁判をするよう要請されていますが、法令には解釈が伴い、すべての裁判官が同じ判断をするとは限りません。また裁判官も普通の人間ですから、誤ることもあります。裁判所の判断が誤っていると考えた場合、別の裁判所で審理をして、やり直してもらう必要があります。これも裁判を受ける権利に含まれるとして三審制度を採用しています。ただし、憲法にはこの点は明記されてはいません。下級審裁判所をどのようにするのかは法律に委ねられています。

Q　法律では、どのように決められているのでしょうか。

A　裁判所法に規定があり、一審を担当するのは、簡易裁判所（簡裁）、地方裁判所（地裁）、家庭裁判所（家裁）です。訴額が140万円以下の簡易な民事事件や軽微な刑事事件は簡裁、訴額が140万円を超えるか土地に絡む複雑な事件やある程度重たい刑事事件は地裁、人事（夫婦、親子など）に関する訴訟事件や少年事件は家裁というように分かれています。簡裁の裁判に不服があれば地裁が第二審、地裁や家裁の判断に不服があれば高等裁判所（高裁）が第二審になります。高裁の判断に不服があれば最高裁判所が第三審になります。ただし、地裁が第二審の事件は高裁が第三審となります。上級裁判所の判断は下級裁判所を拘束します。

　簡裁では１人の裁判官が審理・判決をします。家裁、地裁は、１人の裁判官が審理判決をする単独事件と３人の裁判官が審理判決する合議事件とがあります。合議事件には、法律で合議にすると決められている法定合議事件と裁判所の裁量で合議にする裁量合議事件とがあります。高裁は原則的に合議事件で３人の裁判官が担当します。最高裁判所には、15人の裁判官全員で判断をする大法廷が１つと５人の裁判官が担当する小法廷が３つ

あります。重大な事件や以前にした最高裁判所の判断を変更するような事件は大法廷で審理をしますが、通常は、小法廷で審理をします。

　合議（評議）の場合、3人の裁判官がそれぞれ独立して自分の意見を述べる義務があります（裁判所法76条）。年齢、経験、性別に関係なく、何が正しいのか、この証拠でその事実を認定できるのかなど結論を導くのに必要な事柄について意見を出し合い、異なる場合には、一致するまで議論をします。経験豊かな裁判長が言うのであれば従いますという人は裁判官になる資格はありません。経験や年齢の違う裁判官3人で合議を組むようにしているのは、それぞれの年代、経験の違いを踏まえてより良い結論を出すためです。時代が変われば正しい判断も間違った判断になることもあります。もし、そこで安易に妥協をすれば、合議をする意味がありません。地裁や家裁の裁判官が判決を書くときは、上訴審によって破棄されないよう説得力のある判決を書くことが必要です。お互いにそうすることによって、間違いのない、且つ、国民が納得のできる判決が作られるのです。三審制をとる意味もそこにあります。

Q077　裁判の独立とは何ですか

Q　「裁判の独立」あるいは「司法権の独立」とは何ですか。

A　これには2つの意味があります。

　一つは、裁判所が国会や内閣から独立しており、国会や内閣から指示、命令を受けたり、要請を受けたりして、それに影響をされて裁判をしてはならないという原則です。これに関して、歴史にも出てくる有名な事件が大津事件です。明治時代に来遊中のロシア皇太子を1人の巡査が傷を負わせた事件で、政府は死刑にするよう当時の最高裁判所に当たる大審院に求めました。当時の大審院院長の児島惟謙は、これに抵抗して政府の言うこ

とを聞きませんでした。これは司法部が行政の指示には従わないとしたもので、司法の独立の象徴のような話として語られています。

　もう一つは、個々の裁判官が独立して裁判をするという意味での裁判の独立です。日本国憲法76条３項は、「すべて裁判官は、その良心に従ひ独立してその職権を行ひ、この憲法及び法律にのみ拘束される。」と規定しています。裁判官が拘束されるのは、憲法及び法律のみであり、誰から何を言われても、それには拘束されないということです。先の大津事件では、児島惟謙は、行政に対しては、司法の独立を守ったと言えるのですが、大審院長として、担当する裁判官を説得したといわれており、その点では、個々の裁判官の独立を侵すものではないかとも評価されています。

　今は分かりませんが、私が裁判所に居た頃は、基本的に裁判官はお互いに他の裁判官の事件について口出ししないという慣行がありました。他の裁判官から意見を求められた場合、自分ならこう考えると伝えることはありますが、先輩裁判官が後輩裁判官に指示することはありませんでした。また、合議では、通常、最も若い左陪席（法廷では中央の裁判長の左手側、傍聴席から見ると、向かって右側）の裁判官が主任裁判官として最初に意見を述べて、次に右陪席の中堅裁判官が自分の意見を述べ、最後に年長の裁判長が自分の意見を述べ、異なる場合には議論を戦わせます。上の人のいうことだからそれに従おうという裁判官は失格だと考えられています。裁判官は、自分の意見を述べる義務があります（裁判所法76条）。お互いに議論を尽くして他の裁判官を説得することにより意見がまとまっていきます。また、他の裁判官の意見の方が説得力があると考えるに至れば、いつでも自分の意思で自分の意見を変更する。それが裁判官の独立です。

Q078　裁判官の身分保障とは何ですか

Q　「裁判官の身分保障」とは何ですか。

A　日本国憲法78条は、「裁判官は、裁判により、心身の故障のために職務を執ることができないと決定された場合を除いては、公の弾劾によらなければ罷免されない。裁判官の懲戒処分は行政機関がこれを行ふことはできない。」と定めています。「公の弾劾」というのは、罷免の訴追を受け、国会が弾劾裁判所を設けて裁判をする場合（日本国憲法64条）を指しています。罷免の訴追というのは、訴追委員会というところに裁判官を辞めさせるよう求めることです。訴追委員会が辞めさせるかどうか弾劾裁判所で審理をする必要があると判断した場合、弾劾裁判所での審理が始まります。それ以外では、病気や障害のために執務ができないという場合でない限り、裁判官を辞めさせられることはないとして、裁判官について強い身分保障を規定しています。

Q　どうして、裁判官に強い身分保障を規定しているのですか。

A　それは裁判官個人を守るためではなく、裁判官の身分を保障することによって、公平な裁判の実現を図るためです。裁判官も普通の人間であり、身分が保障されないと、権力の誘惑や圧迫に左右される危険があります。そこで、身分を保障することで、裁判官の独立を守っているのです。

Q　実際にも身分保障はされているのでしょうか。

A　基本的には、身分保障がありますが、裁判官は10年の任期があり、10年ごとに再任されます。不適格な裁判官を排除するため再任を拒否する必要もあります。しかし、その理由が示されないまま再任拒否がされたことから、問題となったことがあります。最高裁判所の言うとおりにしないと再任を拒否されると裁判官が考えて自分の意見を述べなくなると司法の独立は失われてしまいます。そこで、裁判官としてのプロフェッショナルな資

格が問われることになります。

　また、裁判所法48条は、日本国憲法を受けて、公の弾劾、執務不能の場合を除き、「その意思に反して、免官、転官、転所、職務の停止又は報酬の減額をされることはない。」と定めています。そのため、転勤の際は、必ず同意書を提出します。同意しなければ転勤させることはできません。それも身分保障です。ただし、同意書を出さない場合、何らの不利益も受けないことは保障されてはいません。人事権を持つ最高裁判所の意思に反しても不利益を受けないということがないと実質的な身分保障、ひいては公平な司法は維持できなくなるおそれがあります。

　以上のような身分保障によって、公正な判断が貫かれているのかについては、問題がないわけではありません。既に喪われているという元裁判官もいます。人事の実権は最高裁判所事務総局の人事局が握っており、また、法の解釈を巡っては、しばしば裁判官協議会や裁判官会同というのが開催され、一定のテーマに関して問題が出題されます。各庁の裁判官が意見を述べた後、最後に最高裁判所の担当部局の局見解が述べられます。私も局見解を述べる立場にいたこともありましたが、必ずしも局見解が正しいわけではなく、これに従うよう裁判官に求めるものでもありません。そんなことをすれば裁判官の独立への侵害です。むしろ、多くの裁判官が局見解に忖度をして無批判にこれに従うことになれば、かえって全体が誤ることにもなりかねません。どこまでも各裁判官が独立して考え、判断することが求められているのです。

Q079　最高裁判所裁判官の国民審査とは何ですか

Ｑ　最高裁判所裁判官の国民審査とは何ですか。

Ａ　既に任命されている最高裁判所の裁判官が、その職責にふさわしい者か

どうかを国民が審査する解職の制度です。裁判官については、国民が選ぶ仕組みにはなっていませんから、どこかでその人を最高裁判所裁判官とすることでよいのかどうか、国民がチェックをする機会を設けるための方法です。最高裁判所裁判官のうち、最高裁判所長官については、「天皇が、内閣の指名に基いて、最高裁判所の長たる裁判官を任命する。」（日本国憲法6条2項）とし、その長たる裁判官以外の最高裁判所裁判官は、内閣でこれを任命する。」（同法79条1項）と定めています。つまり、国民に裁判官を選ぶ権利がありません。しかし、司法部も国民主権下の権力機関であり、少なくとも最高裁判所裁判官については、国民の判断が及ぶ必要があります。

　そこで、日本国憲法では、最高裁判所の裁判官の任命については、その任命後の最初の衆議院議員総選挙の際に国民審査に付し、投票者の多数が裁判官の罷免を可とするときは、その裁判官は、罷免されると規定しています（同法79条2項、3項）。衆議院議員の総選挙の際、同じ投票所で、対象となっている最高裁判所裁判官の氏名が書かれた投票用紙を渡されます。罷免を可とする裁判官の氏名の上に×を付けるようになっています（最高裁判所裁判官国民審査法15条）。この×の付いた投票者の数が投票者全体の過半数に達すると、その裁判官は罷免されることになります。そうすることで国民が裁判官を監視することができるという仕組みです。

　2021年の衆議院議員総選挙の際、11名の最高裁判所裁判官の国民審査が実施され、罷免を可とする投票は、最多で7.85％、最少で5.97％でした。概ね6〜8％程度になっています。まず、どの裁判官がどのような判決に関わっているのか、また、その判決において多数意見を書いているのか、少数意見を書いているのかなどの情報は、必ずしも国民の多くに周知されているわけではありません。最近は、ネットなどを通じて、知る機会が増えつつあるように思いますが、まだまだアクセスしやすい情報にはなっていないといえます。

　ところで、先にも少し述べましたが、海外に在住する日本人には最高裁判所裁判官の国民審査をする権利が保障されておらず、これは憲法違反であるという訴訟が提起されました。2022年5月25日、最高裁判所大法廷は、海外に在住する日本国民に最高裁判所裁判官国民審査の投票を認めていないのは、憲法に違反するとの判断を示しました。この制度ができてから70年ほどの間、憲法に違反をする状況が続いていたということになります。今までこれでやってきたからという既成事実にとらわれることなく、おかしいなと思ったら、どうあるべきかという視点から、捉え直すことが大切だということを示しています。

　国民は、行政だけではなく、司法についても、しっかりと誰がどのような判決をしているのかを知って、正しい判断がされているのかを確認していくことが必要とされています。その意味でも、若い方々が既成事実にとらわれることなく、最高裁判所裁判官の国民審査の意義をしっかりと理解して、司法にも注目することが正義の実現のためにも必要なことなのです。

Q080　裁判員裁判とは何ですか

Ｑ　「裁判員裁判」とは、どのような裁判なのでしょうか。

Ａ　「裁判員裁判」というのは、国民の中から裁判員を選んで、国民が直接裁判をする制度です。米国や英国には、以前から陪審員制度というのがあります。国民から選ばれた陪審員が被疑者を正式に起訴するかどうかを決める大陪審、起訴された刑事被告人の審理に参加して有罪か無罪か（guilty or not guilty）を決定する小陪審という制度があります。

　ただ、米国の陪審員制度には、感情に流され客観的判断ができないのではないか、性別や人種の別により、偏った判断がされるおそれがあるなどの問題点も指摘されています。そうした点も踏まえて、日本では、陪審制

ではなく、裁判員裁判という制度が採用されました。

Q **裁判員制度は、陪審員制度とどこが違うのですか。**

A 　裁判員制度は、陪審員制度と異なり、参審制度が基になっています。参審制度というのは、ヨーロッパ諸国に見られるもので、国民から選ばれた参審員が裁判官とともに合議体を作り、裁判をする制度です。そうした諸外国の制度も参考にしながら、2004年に「裁判員の参加する刑事裁判に関する法律」が制定され、2009年から実施されています。原則として、国民から選ばれた６名の裁判員が３名の裁判官と合議体を構成し、刑事裁判について、有罪か無罪か、懲役何年にすべきかなどの量刑についても決めることになります。一定の重罪について適用され、裁判官と裁判員の「双方を含む合議体の員数の過半数」で決することになっており、少なくとも裁判官の１人は含まれる必要があります。法律の解釈については裁判官の判断が優先しますが、事実認定については裁判員も同等の資格を持っています。

　裁判員は、衆議院議員の選挙権を有する者の中からクジで選任されますから、義務教育を終えている必要はありますが、18歳以上であれば、誰でも選ばれる可能性があります。選ばれたときは、どこまでも厳粛な気持ちで、公正な裁判が実現できるよう、国民の一人として頑張ってほしいと思います。

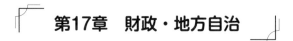

第17章　財政・地方自治

Q081　**財政民主主義とは何ですか**

Q　「財政民主主義」というのは、どのようなことなのでしょうか。

[A]　「財政民主主義」とは、国家が財政を動かす場合には、国民の代表から構成される議会の議決が必要であるとする考え方です。日本国憲法83条は「国の財政を処理する権限は、国会の議決に基いて、これを行使しなければならない。」と規定しています。国の財政をどのように行うのかは行政の役割ですが、国民から選ばれた国会議員によって構成される国会の議決に基づいて実施することを求めているのがこの条文です。つまり、国のお金の使い道についても、国会できちんと決めたとおりにすることが必要であり、これを財政民主主義と呼んでいるのです。

　もともとは、国王が国民に勝手に税金を課するのを抑制するため、議会が発達し、議会の承認なくして課税をしないよう求めるところから、近代の議会制度は始まっています。財政的権限も国会の下に置くことを明確にしています。

　そのため、新たに租税を課したり、今ある租税を変更するには、法律または法律の定める条件によることが必要とされています（日本国憲法83条）。例えば、消費税を設けるかどうか、消費税率を何％に変更するかというようなことは、国会の定める法律に基づく必要があるということなのです。

　国が国のお金を使い、または、債務を負担する場合も、国会の議決に基づく必要があります（同法85条）。そのため、内閣は、毎会計年度の予算を作成して国会に提出し、その審議を受け、議決を経なければなりません（同法86条）。ただし、臨時に支出が必要になることがありますから、そのような予見が難しい支出のため、別途「予備費」を設けて支出することが認められています。この予備費も国会の議決に基づく必要があり、内閣の責任で支出できますが、後に国会の承諾を得ることが必要です（同法87条）。

　皇室の財産は、すべて国に帰属します。また、皇室の費用は予算に計上して国会の議決を経なければなりません（同法88条）。

　公金その他の公の財産は、宗教上の組織若しくは団体の使用、便益若し

くは維持のため、又は公の支配に属しない慈善、教育若しくは博愛の事業に対し、これを支出し、又はその利用に供してはならないとされています（同法89条）。つまり、国民の血税で国の財政は成り立っているので、宗教や私的事業のために使ってはいけませんということです。

　国の収入・支出については、会計検査院が検査し、内閣は、次年度にその検査報告を国会に提出しなければなりません（同法90条）。また、内閣は、国会及び国民に年１回以上定期的に国の財政状況を報告する義務があります（同法91条）。つまり、国のお金がきちんと使われているかどうかを「会計検査院」という内閣とは独立した機関がチェックをして、その検査結果を国会に提出する義務を内閣に負わせることで、国のお金がきちんと国会の承認した使途に使われているかどうかを国会がチェックする仕組みを作っているのです。

Q082　租税法律主義とは何ですか

Ｑ　「租税法律主義」とは何ですか。

Ａ　「租税法律主義」とは、政府や地方公共団体（都道府県、市区町村）が国民から税金を徴収する場合には、その根拠を国会で成立した法律に依らなければならないとする考え方です。財政民主主義の柱の一つが、租税法律主義です。

　国民は、法律の定めるところにより、納税の義務を負っています（日本国憲法30条）。これは、国民の義務の一つです。国民は国の費用を分担する責任があるので、当然に納税の義務を負っているのです。例えば、相続した不動産を持っていたり、アルバイトをしてアルバイト代をもらったりした場合には、税金を納付する義務があることになります。土地建物などを所有すれば固定資産税が課されます。アルバイト代など給料に課せられ

る税金を所得税と言います。所得税は、所得税法に定めがあり、本来は所得のあった個人に課せられる税金ですが、アルバイト代のような給与所得の場合、給与を支払う者があらかじめ給与の中から所得税金額を差し引いて給与を支払い、差し引いた税金額を国に納付する義務を負います。これを源泉徴収と呼んでいます。つまり、アルバイトをしてアルバイト代をもらった時点では、既に雇用主（アルバイト先）が税金分を差し引いているので、給料をもらった人が所得税を納付する必要はないのです。その代わり、アルバイト代を支払った雇用主は、国に源泉徴収した税金を納付する義務を負います。

　また、商品を買ったり、有料でサービスの提供を受けた場合、代金やサービス提供料と共に消費税を納付する必要があります。これは消費税法という法律に定められています。商品を売ったり、サービスを提供する側が消費税を徴収しているのです。

Ⓠ　つまり、誰もがあまりよく知らない間に税金を支払っているのですね。

Ⓐ　そうです。所得税や消費税のほかにも、お酒やたばこを買うと、この代金の中に酒税法に基づく酒税やたばこ税法に基づくたばこ税が含まれています。また、相続をした場合、相続税法に基づき、3000万円に相続人１人につき600万円を加えた金額（基礎控除額）を超える遺産評価額について相続税が発生します。

　国税には国税通則法、地方税には地方税法などの基本法がありますが、多くの税金は、以上のように、その種類によって、それぞれ異なる法律に定めがあります。その種類は膨大です。しかし、重要なことは、税金は、法律で決められたものでなければ、勝手に徴収することはできないという原則です。それが租税法律主義ということの意味です。

Q083　予算とは何ですか

Q　「予算」とは何ですか。

A　「予算」とは、国又は地方公共団体の一定期間（会計年度）における収入と支出の見積もりです。「内閣は、毎会計年度の予算を作成し、国会に提出して、その審議を受け議決を経なければならない。」（日本国憲法86条）とされ、また「予算は、さきに衆議院に提出しなければならない。」（同法60条1項）、「予算について、参議院で衆議院と異なつた議決をした場合に、法律の定めるところにより、両議院の協議会を開いても意見が一致しないとき、又は参議院が、衆議院の可決した予算を受け取つた後、国会休会中の期間を除いて30日以内に、議決をしないときは、衆議院の議決を国会の議決とする。」（同法60条2項）と定めています。

Q　何だか難しそうですが、そもそも「予算」とは、具体的にどのようなものなのですか。

A　一般に予算と言えば、これから先の収入の予定と支出の予定とを整理したものというイメージがありますよね。しかし、憲法が言っている「予算」は、単なる予定表ではなく、拘束力のある規則のようなもので、法律の一種であるという説（予算法律説）と、法律とは異なるものの、政府を拘束する法規範性がある独自の法形式であるという説（予算法形式説または予算法規範説）とがあります。

　政府は国会で議決された予算に拘束されますが、国民を拘束する法律とは少し違います。法律の場合、一度制定されると基本的に廃止されるまで続きますが、予算は年度ごとです。法律案は議員も提出できますが、予算は内閣のみが提出権を持ちます。そのため、国会の議決で内閣を拘束するという点では法律に似ていますが、実際には異なるところがあります。

Q　「法律」と別に「予算」が決められると、そこにずれが生じませんか。

Ⓐ　そうです。そのため、予算的な裏付けのないまま法律が成立したり、法的な裏付けのないのに予算が組まれたりすることもあり、それを予算と法律の不一致と呼んでいます。その不一致をなくすために、予算を執行できるような法改正をするとか、予算のない法律の執行のため予備費から支出するなどの措置がとられることになるわけなのです。

Ⓠ　**でも、先のことだから予想外にお金が必要になることもありますよね。**

Ⓐ　そうですね。異常気象による災害や大震災・原発事故による多額の出費など、予算どおりの支出とならない事態が生じ得ることを考えると、そうしたものも予算に組み込まないと、政府の自由になる予備費ばかりが増加し、しかもその支出が事後的に国会で承認されないとなると、財政民主主義の原則から考えて問題が大きいと言われています。また、財務省のＨＰによれば、日本の国債残高は、今世紀に入り、増大の一途をたどり、2022年度末には1000兆円を超え、GDPの２倍を超える額となり、主要先進国の中で最も高い水準にあります。国家の借金が増えることは現在にとってはよいことでも、将来のことを考えると、望ましいことではありません。先々のことまで考えて予算は組まれる必要があります。

Q084　地方自治とは何ですか

Ⓠ　**「地方自治」とは何ですか。**

Ⓐ　「地方自治」とは、地方公共団体の行政は、そこに居住する住民が実施するということです。そのため、地方公共団体のことを自治体とも呼んでいます。日本国憲法第８章は、地方自治について定めており、92〜95条まで４つの条文があります。市町村という地方公共団体があり、その上に都道府県という広域自治体がありますが、一般にこれらの自治体の自治のことを地方自治と呼んでいます。日本国憲法92条は、地方公共団体の組織及

び運営に関する事項は、地方自治の本旨に基いて、法律でこれを定めると
しています。これに基づいて地方自治法が制定されています。

Ⓠ　「地方自治の本旨」とは何ですか。

Ⓐ　日本国憲法でも、地方自治法でも「地方自治の本旨」が何かについては
直接触れてはいませんが、一般に「住民自治」と「団体自治」の２つの要
素があるとされています。住民自治というのは、その地方の自治がその地
方の住民の意思に基づいて行われるという民主主義的な要素であり、地方
における政治は、地方の議会が決めるという考え方です。これに対し、団
体自治というのは、地方自治が国から独立した団体に委ねられ、団体自ら
の意思と責任の下で地方の行政が行われるという自由主義的、地方分権的
要素であるとされています。

Ⓠ　「住民自治」とは、具体的にどのようなものなのでしょうか。

Ⓐ　「住民自治」の諸制度としては、地方公共団体の長、その議会の議員及
び法律の定めるその他の吏員は、その地方公共団体の住民が、直接これを
選挙すること（日本国憲法93条２項）、一つの地方公共団体のみに適用さ
れる法律については、その地方の住民投票において過半数の同意を要する
こと（同法95条）などがあります。

　地方公共団体とは、都道府県、市町村を指すと解されており、それぞれ
に議会が設置され、都道府県知事・市町村長及び各地方議会の議員は住民
の直接選挙を実施しています。最高裁判所は、東京都の特別区は憲法上の
地方公共団体ではないと判示しています。

　地方公共団体は、その財産を管理し、事務を処理し、及び行政を執行す
る権能を有し、法律の範囲内で条例を制定することができます（日本国憲
法94条）。これも住民自治の表れです。通常の政令指定都市の区は、これ
らの権限を持ちませんが、東京都の特別区は、区議会があり、区長は区民
の選挙で選ばれ、また、区独自の課税権や条例制定権も持っており、市町
村に準じた取扱いがされています。

　米国の場合、もともと13の州（state）が集まって合衆国（United states）を作り、そのような独立した州がどんどん増えていったという歴史があり、州の独立性は非常に強いものがあります。これに対し、日本の場合、江戸時代に江戸幕府の中央集権的支配の中で三百ほどあった藩がいくつかに集められて県になり、その後、統廃合を繰り返し、戦後の都道府県となったもので、その独立性、一体性は、歴史的にそれほど強いものではありません。そのため、地方と中央との結び付きが強く、地方自治としての自立性ないし自律性は、なかなか強くなれないところがあります。

Q085　条例とは何ですか

Ｑ　「条例」とは何ですか。

Ａ　日本国憲法94条において、地方公共団体は、法律の範囲内で条例を制定することができると定めています。条例とは、地方公共団体がその議会の議決を経て制定する自主法で、国の法令に違反しない範囲で定めるものです。

Ｑ　「条例」は、法律とはどこが違うのですか。

Ａ　「条例」は、その地方の事務に関する事項についてしか規定できない反面、その範囲内では、国の法律とは無関係に、独自に規定を設けることができます。ただ、国会が定めた法律に違反するようなことは決められません。

　青少年保護育成条例というのを聞いたことがあると思います。この条例は各都道府県に定められており、各自治体によって青少年健全育成条例などと多少名称は異なっていますが、法令に規定がないその地方の状況に応じた青少年保護育成のための条例が設けられています。対象は、未成年者（18歳未満の者）であり、地方により多少の違いがありますが、有害図書を指定して本棚の異なる場所に置くとか、未成年者が映画館、ボーリング場などへ夜間に出入りするのを禁止するとか、未成年者を相手に淫らな性

行為をしてはいけない、着用している下着の売買をしてはいけないなど、未成年者自身の行動を規制したり、未成年者を相手にしてやってはいけないことなどを国の法律とは別に定めています。例えば、千葉青少年健全育成条例では、未成年者を相手に淫らな性行為をすれば、２年以下の懲役刑又は百万円以下の罰金刑に処せられますし、また、2021年には、新たにSNSなどで裸の写真を送るよう要求する行為なども禁止事項とされ、これに違反をすれば、30万円以下の罰金又は過料に処せられます。懲役刑や罰金刑があるということは、犯罪行為であるということを意味します。

　条例は、国の法令に違反をしない範囲で制定される必要があり、また、罰則を設ける場合には、条例の上限は、２年以下の懲役又は禁固若しくは100万円以下の罰金などと定められています（地方自治法14条）。

第18章　憲法の保障

Q086　憲法改正とは何ですか

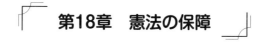

Q　最近、「憲法改正」について議論されていますが、そもそも「憲法改正」とは、どのようなことなのでしょうか。

A　日本国憲法第９章は「改正」と書かれ、96条の１条のみが設けられています。すなわち、「この憲法の改正は、各議院の総議員の３分の２以上の賛成で、国会が、これを発議し、国民に提案してその承認を経なければならない。この承認には、特別の国民投票又は国会の定める選挙の際行はれる投票において、その過半数の賛成を必要とする。」（同条１項）、「憲法改正について前項の承認を経たときは、天皇は、国民の名で、この憲法と一体を成すものとして、直ちにこれを公布する。」（同条２項）と規定してい

ます。

　憲法は、国の最高法規であり、国の根本的な事項を定めるものですから、簡単に改正できてしまうと、安定性が失われます。しかし、あまりに改正が困難な要件を設けると、時代の変化に応じた柔軟な変更が困難になり、可変性が失われます。この憲法の規定のように通常の法律よりも改正を困難にしている憲法を硬性憲法と呼んでいます。

Ⓠ　憲法改正は、具体的にどのような手続で行われるのでしょうか。

Ⓐ　憲法の改正には、「国会の発議」「国民に提案」「国民の承認」「天皇の公布」という４つの手続が必要です。これらの手続を実施するため、2007年に日本国憲法の改正手続に関する法律が制定され、国会法に日本国憲法の発議（第6章の2）の規定が追加されました。これによれば、まず、議院が日本国憲法改正案の原案を発議するには、衆議院においては議員100人以上、参議院においては議員50人以上の賛成を要するとされました（国会法68条の2）。この原案は関連する事項ごとに区分をして行うものとし（同法68条の3）、原案について修正動議を議題とする場合も、衆議院では議員100人以上、参議院では議員50人以上の賛成が必要です（同法68条の4）。衆参議院のうち最後の可決があった場合、その可決をもって国会が発議し、国民に提案したとみなされます（同法68条の5）。国民投票の期日は、当該発議後、速やかに国会の議決で定めるとされ（同法68条の6）、その期日は、発議後60日以後180日以内において国会で議決をした日です（憲法改正手続法2条）。投票権を持つのは、日本国民で18歳以上の者です（同法3条）。日本国民であれば、海外に在住していても投票権を行使できます。

　憲法改正案が国会で可決されると、国民投票広報協議会（協議会）が国会議員によって組織されます。衆参両議院各10名で構成され、憲法改正案の説明、賛成及び反対意見を掲載した公報原稿や改正案の要旨を作成します。投票は、賛成または反対の文字を手書きで○をします。文字の判別が

できない人には点字による投票のほか、代理投票、期日前投票、不在者投票、在外投票、繰上投票、繰延投票等多様な投票方法が用意されています。

Q087 最高法規とは何ですか

Q 日本国憲法の「最高法規」については、憲法ではどのように規定をしているのでしょうか。

A 日本国憲法第10章は「最高法規」という表題で、全部で3条の条文を置いています。日本国憲法97条は、「基本的人権の本質」として、次のように規定をしています。

「この憲法が日本国民に保障する基本的人権は、人類の多年にわたる自由獲得の努力の成果であつて、これらの権利は、過去幾多の試錬に堪へ、現在及び将来の国民に対し、侵すことのできない永久の権利として信託されたものである。」。

基本的人権は、私たちだけのものではなく、将来の国民のためでもあるわけですから、今生きている人たちだけでこれを否定することはできません。また、多数者が少数者の権利を奪うことも許されませんから、多数の国会議員の議決によって、誰か一人の人間の基本的人権を奪うことも許されません。

また、同法98条は、まず1項で、憲法は国の最高法規であり、これに反する法令、詔勅などは認められないことを明らかにし、2項では、日本国が締結した条約や確立された国際法規も誠実に遵守することが必要であることも明記しています。最後に同法99条では、天皇、摂政、国務大臣、国会議員、裁判官の三権の権力を行使するものを例示して、公務員は、この憲法を尊重し、擁護する義務を負うことを明示しています。これは、いずれも日本国憲法が日本国の最高法規であることに基づくものです。

Ⓠ　**憲法と国際法規が矛盾する場合、どうすればよいのでしょうか。**

Ⓐ　大変難しい問題です。矛盾する場合の取扱いに関しては、日本国憲法98条で「この憲法は、国の最高法規であつて、その条規に反する法律、命令、詔勅及び国務に関するその他の行為の全部一部は、その効力を有しない。」（同条１項）、「日本国が締結した条約及び確立された国際法規は、これを誠実に遵守することを必要とする。」（同条２項）とし、憲法が最高法規であるとしながらも、国際協調主義に基づいて、条約や確立された国際法規を遵守するとしています。両者は基本的には矛盾をしないと解されますが、条約等の内容によっては矛盾する場合も起こり得ます。

　例えば、日本は、国連に加盟し、国連憲章という条約を批准しています。批准というのは、条約の締結についての国の最終的確認、同意の手続であり、批准書の交換または寄託によって条約の効力が発生します。内閣が国会の承認を得てこれを行うとされており、国連憲章も日本国が確認をしています。

　この国連憲章は、紛争に際しては、原則として、非軍事的措置で対処するとされています（41条）が、非軍事的措置で不十分な場合、国際的平和の維持または回復に必要な陸海空の軍事行動を取ることができるとされ（42条）、軍事行動の分担義務が規定されています（44条以下）。日本は、平和主義の理念及び戦力不保持の憲法上の要請から軍事行動には参加はしない立場ですが、もし、常任理事国となった場合には、そうした活動への参加が求められることになります。そうした環境の中で、どうやってわが国は平和主義の理念を貫き、国際貢献ができるのかが問われているのです。米中露などとともに軍事に解決を求めることなく、日本の平和主義を貫き、そのリーダーとなる手腕が期待されていると考えられます。

　公務員は、憲法の定めるこれら３つの原則に則り、常に国民が主権者であり、自らは国民全体の奉仕者であることを自覚し、一人ひとりの基本的人権を尊重し、平和を求めることが要請されているのです。軍事的解決の

現実的国際的必要性を見据えながらも、国民を守るため、平和主義を貫くことが求められていると考えられます。

Q088　憲法の変遷とは何ですか

Q　「憲法の変遷」とは、どのようなことでしょうか。

A　「憲法の変遷」とは、憲法が改正されていないのに、その本来の意味が時の政府によって変更され、憲法規範としての実効性が失われていくことを意味しています。

　そのような現象を憲法学的にどのように捉えるのかという問題があります。具体的には、日本国憲法9条が念頭に置かれています。すなわち、日本国憲法9条では「戦力」の不保持が明記されていますが、現実の自衛隊は、誰がどう考えても「戦力」であり、海外からは、自衛隊も軍隊（Army、Air force）と見られています。つまり、国の安全保障に関わる問題について、最高裁判所は、統治行為だから裁判所は判断しないという立場をとってきたため、憲法規範と現実の事象との間に開きが生じているわけです。

　憲法学者の間でも、自衛隊は違憲だが、合法だという学説があったり、実効性がない状態にあったとしても、あくまで憲法としての拘束力はあり、違憲であるとする学説があったり、既に実効性が失われているから憲法としての拘束力がなくなっているという学説があったり、その理解は統一されていません。

　本来、憲法に反する既成事実が作られていくことによって憲法の規制力が失われてしまうのであれば、もはやそれは法治国家とも言えない訳ですが、そのような現実が日本社会に存在しているわけです。裁判所が判断をしない間に既成事実が積み重ねられてきた状態を「憲法の変遷」と呼んでいるのです。憲法の条文自体に変化はありません。

　皇室典範に基づく天皇の後継者が存在しなくなることも危惧されています。もし、そうなった場合、天皇の国事行為はどうなるのかと考えると、そのまま条文は残して、事実上国事行為ができないところを何らかの仕方で補うか、憲法自体を現実に併せて改正するかしかないところがあります。なお、「変遷」とは言えませんが、現代社会は、憲法の予定していないことがいろいろと起きています。現行の日本国憲法ができた時代には、LGBTQなど性的マイノリティの問題は検討もされていませんでしたが、近年では必ずしも男女をはっきり分けられない現実が明るみに出てきたわけです。また、生殖技術により精子や卵子をその個人から切り離したことで、母親、父親という本来の概念とは違う存在が生まれています。さらには、遺伝子を自由に切断、接合するような技術（Crisper-Cas 9 と呼ばれています）が出現しており、これを組み合わせれば、本来の精子や卵子にはない遺伝子を持つ人間を誕生させることもできることになります。また、ドローン兵器のようにパソコンの画面を見ながら遠隔操作で地球の裏側を攻撃できる技術は既にできており、AIを搭載し、機械学習のできるロボット兵士が倫理感覚なく人間を見つけ出して殺害したりするのも時間の問題と言われています。このような新しいテーマが憲法とどう関わるかは、これからみんなで考えていかなければならない問題です。若い人々の新しい問題意識が必要です。

Q089　法の解釈とは何ですか

Ⓠ　「法の解釈」という言葉を聞きますが、この「解釈」とは、どういうことでしょうか。

Ⓐ　国会で成立した法律や行政府の政令、規則、地方議会で成立した条例など、様々な法規は、多く言葉で書かれています。言葉には、明確に定義が

された専門用語とそうではない一般に使用されている言語とがあります。専門用語は、相当程度厳密に定義がされていますが、それでも具体的な事象に当てはめようとすると、必ずしも一つに解釈できない場面に遭遇します。他方、一般に使用されている言語は、白を黒とも言えるような多様な解釈が可能です。そこから、どのように法を解釈すべきなのか、すなわち「法の解釈」という問題が生まれてきます。

　裁判所の役割は、一つは実際に何があったのかという具体的な事実の認定です。これは、証拠上明らかな事実に経験則を適用して、一定の法律効果を生じさせるような事実があったのかどうなのかを認定する作業です。これは経験豊富な人の方がより的確な判断ができるものであり、特に法律の勉強をしていなくてもできる判断です。もう一つの裁判所の役割が法の解釈であり、こちらは、その法の趣旨が何であり、どのように解釈するのが妥当なのかという専門的な知識が必要となってきます。

　例えば、日本国憲法の前文の冒頭に出てくる「日本国民は、正当に選挙された国会における代表者を通じて行動し」という文言の「日本国民」とはどの範囲を指しているのか、「正当に」とは、どのような場合が「正当に」なのか。「日本国民」か否かは、国籍法によって定義がされていますが、二重国籍の場合はどうかとか、成人に達して国籍選択をしなければならないが、選択していない段階では日本国民なのかとか、日本人の子であることは間違いないが、出生届がないため、戸籍のない子は日本国民なのかなど、いろいろな問題が起きてきます。「正当に」ということになると何が「正当」なのか、多様な解釈が可能です。青少年条例の「淫らな性行為」という場合の「淫らな」が何を指しているのか、「性行為」というのが何を指しているのかなど、解釈を巡ってしばしば問題になります。

　具体的な紛争が生じる原因がそのような法令に利用されていることばのあいまいさに起因することもしばしばあります。特に刑事事件では、どのような場合に犯罪が成立するのかという要件（構成要件と言います）につ

いては厳密な定義がされています。同じ刑法で「暴行」と言っても、暴行罪の「暴行」は、不法な有形力の行使を広く含み、公務執行妨害罪の「暴行」は、公務員に向けられた公務の執行を妨害するに足りる暴行、強盗罪の「暴行」は、反抗を抑圧するに足りる程度の暴行など、同じ「暴行」にもかかわらず、条文によって定義が異なります。これは、それぞれの刑罰によって何を保護しようとしているのかなどその犯罪の成否に関わる重要な要素は何かという観点から、同じく「暴行」と言っても、その意味内容が変わってきます。そこに法の解釈の難しさがあります。

Q090　判例とは何ですか

Q　「法令」と「判例」とは、どのように違うのでしょうか。

A　「法令」は、国会で議決された法律や内閣や各省が決定する政令など、そこで用いられる言葉によって定義されています。他方、「判例」というのは、そのような法令を前提として、立法趣旨等に鑑みて、さらに具体的な解釈を明示するものです。法律の文言がどのような意味を持っているのかについて、様々な解釈が可能ですが、その解釈がばらばらだとすると、裁判所ごとに判断が異なるということになってきます。それぞれの裁判所の判断を裁判例と言います。この裁判例を判例という場合もありますが、一般的には、そのような下級審の裁判所のいろいろな解釈を統一した最高裁判所の判断を判例と呼んでいます。

　同じ事柄について裁判所の判断が分かれたままだと困りますので、最高裁判所で統一された判断が示された場合には、これに従いましょうということになります。これを判例の拘束力と言います。

　判例の拘束力がどこまで及ぶのかとなると、なかなか難しいところがあります。まず、拘束力を持つのは、その事例で判決の結論を導く上で必要

不可欠な判断となっている部分で、「判決理由（ratio decidendi：ラテン語）」と呼んでいます。そうではない判断部分は「傍論」と呼ばれ、参考にはなるが、拘束力を持たないと解されています。Q089で述べた「暴行」の定義は、判例によって形成された解釈で、拘束力を持つものとして扱われています。

　ところで、同じ事例と言っても、それぞれの事件で提出される証拠が異なりますし、前提として認定される事実が異なると、当然に判断も違ってきます。また、時の経過により判例が妥当性を失う場合もあれば、嫡出でない子の相続分の判例（Q075）のように短期間で合憲から違憲に政策的に判例が変更される場合もあります。特に価値観の変動が激しい現代社会では、判例の拘束力を重視すると時代遅れになってしまう危険があります。

　同じ法令の解釈において解釈の統一の重要性を考えると、判例の拘束力をある程度認める必要があります。特に確定した判例の解釈に基づいて社会が動いているとき、突然、異なる解釈がされると、社会に対し、予想外の損害を与える場合が生じます。立法の場合は、成立から周知期間を経て施行年月日が決められますから、変更を予測して人々は行動できますが、最高裁判所判決は、予測できません。そこに違いがあります。

　それを踏まえた上で、判例がおかしいと思った場合には、立法に依らずとも判例変更によってより妥当な解釈に持っていくことができますし、判例となっている事案と本件とは異なるとして、当該判例の及ぶ範囲を限定して解釈するということもできます。また、当該判例が前提として考えていた事実関係が異なっているとして新たな判断を示すことも可能です。重要なことは、このような法令がある、このような判例がある、だから、そのとおりに判断をすればよいと安易に考えてはいけないということです。法令や判例も必ずしも正しいとは限りません。常にどのように考えるのが妥当なのか、正しいのか、正義の女神の天秤（Q061）が傾いていないかを吟味し、自分の頭で考えることが大切なのです。

おわりに

　法学と言えば、何かとっつきにくく、自分たちとはあまり縁のないものように感じていたという方もおられたかもしれません。しかし、本書を読み終えた皆さんは、「法」というものは、自分たちの人間としての尊厳を守るためのものであり、これを身に付けることは、何よりも自分たちを守るための武器を手に入れることだということがお分かりいただけたと思います。

　私たちは、自由で平等な存在であり、一人ひとりが個として掛け替えのない尊厳を持っていることを明らかにしたのが憲法に他なりません。過去には、人間以外の何かに価値を求め、それにひれ伏すよう求められた時代がありました。また、同じ人間でも尊い者と卑しい者とがいると教えられた時代があったのです。その名残りは、今も残っています。

　私たち、現代社会に生きる人間は、地球上のどこで暮らす人々も同じホモサピエンスに属する一人の尊厳のある人間です。多くの人々は、他人を傷つけることを好まず、侵略することを好まず、平和に生きていきたいと考えていることをお互いに知っています。多くの人々は、無抵抗の女性や子どもの死体を足で踏みつけ、その上で自分たちだけが幸福になれればよいとは考えていないはずです。

　日本国憲法前文にある「日本国民は、恒久の平和を念願し、人間相互の関係を支配する崇高な理想を深く自覚するのであつて、平和を愛する諸国民の公正と信義に信頼して、われらの安全と生存を保持しようと決意した。」というのは、そのことを示しています。一部の政治家や軍人は、自国や同盟国の安全を守るためと言い、お互いに殺し合うことを今も行っています。しかし、多くの人々は、決して、お互いに武器を持って他国を攻撃し、多くの人間の命を奪うことを求めてはいないことは明らかです。な

ぜ、いつまでもお互いに殺し合わなければならないのか。人間の命を奪って手に入れる幸せのどこが尊いのかということを私たち人類は、みんなで考えなければなりません。

1945年に第二次世界大戦が終わり、その後、80年近くの間、私たち日本人は日本国憲法の下で他国と戦争をすることなく生きてきました。その間、今よりも激しく各国が対立し、核の脅威に脅かされたこともありました。それでもなお、過去の政治家たちは安易に戦争への道に進まず、平和を維持するために奮闘してきました。そういう立派な政治家が少なからずいました。今、既に人類は、お互いに地球上の人類を何度も絶滅させることのできる核兵器を持っています。被曝すれば、どうなるのか、広島や長崎を訪れたことのある人は誰もが知っています。一部の国だけが核を持ち、これを脅しに使うようなことは、決して認められないことですが、現実にそういうことが起きています。だからこそ、この日本国憲法の理想を世界に広めることが必要なのです。

なお、本書の執筆に当たっては、元第二東京弁護士会会長の神田安積弁護士にもご協力をいただきました。また、株式会社恒春閣編集部の皆様にも多大なご尽力をいただきました。ここに厚く御礼申し上げます。

自分たちの命、そして世界の武器を持たない多くの市民の命を守るために、どのようにしていけばよいのか。この本がそのためにわずかでも役に立てばうれしいと思っています。他者を排除するのではなく、他者を理解し、お互いを理解することが何よりも大切です。一人ひとりは別人であり、考えていることは皆違います。しかし、異質の他者であっても、どこかで人間として通じあう部分があります。最後まで諦めずに、その通路を広げていくことができれば、お互いに殺し合う世界に終止符を打つことができます。逆にその努力を諦めてしまえば、お互いに殺戮する世界へと進むことになります。

民主主義とは、国の在り方を考え決めるのは、政治家ではなくすべての

国民であるということです。国民の上に立つ偉い人間など1人もいません。あなたの上に立つ人間も、あなたの下にひれ伏す人間もいないのです。お互いに自信を持って自分の考えを述べてかまわないのです。憲法はそのことを教えているのだと思います。

【参考文献】

芦部信喜（著）、高橋和之（補訂）『憲法（第8版）』岩波書店、2023年9月

長谷部恭男（著）『新法学ライブラリ2　憲法（第8版）』新世社、2022年2月

伊藤正己（著）『憲法入門　第4版補訂版』有斐閣、2006年3月

文部省（著）『民主主義』角川ソフィア文庫、2018年10月

長谷部恭男（編）『検証・安保法案—どこが憲法違反か』有斐閣、2015年8月

日本国憲法

昭和21年11月3日公布
昭和22年5月3日施行

日本国民は、正当に選挙された国会における代表者を通じて行動し、われらとわれらの子孫のために、諸国民との協和による成果と、わが国全土にわたつて自由のもたらす恵沢を確保し、政府の行為によつて再び戦争の惨禍が起ることのないやうにすることを決意し、ここに主権が国民に存することを宣言し、この憲法を確定する。そもそも国政は、国民の厳粛な信託によるものであつて、その権威は国民に由来し、その権力は国民の代表者がこれを行使し、その福利は国民がこれを享受する。これは人類普遍の原理であり、この憲法は、かかる原理に基くものである。われらは、これに反する一切の憲法、法令及び詔勅を排除する。

　日本国民は、恒久の平和を念願し、人間相互の関係を支配する崇高な理想を深く自覚するのであつて、平和を愛する諸国民の公正と信義に信頼して、われらの安全と生存を保持しようと決意した。われらは、平和を維持し、専制と隷従、圧迫と偏狭を地上から永遠に除去しようと努めてゐる国際社会において、名誉ある地位を占めたいと思ふ。われらは、全世界の国民が、ひとしく恐怖と欠乏から免かれ、平和のうちに生存する権利を有することを確認する。

　われらは、いづれの国家も、自国のことのみに専念して他国を無視してはならないのであつて、政治道徳の法則は、普遍的なものであり、この法則に従ふことは、自国の主権を維持し、他国と対等関係に立たうとする各国の責務であると信ずる。

　日本国民は、国家の名誉にかけ、全力をあげてこの崇高な理想と目的を達成することを誓ふ。

第1章　天皇

〔天皇の地位と主権在民〕
第1条　天皇は、日本国の象徴であり日本国民統合の象徴であつて、この地位は、主権の存する日本国民の総意に基く。
〔皇位の世襲〕
第2条　皇位は、世襲のものであつて、国会の議決した皇室典範の定めるところにより、これを継承する。
〔内閣の助言と承認及び責任〕
第3条　天皇の国事に関するすべての行為には、内閣の助言と承認を必要とし、内閣が、その責任を負ふ。
〔天皇の権能と権能行使の委任〕
第4条　天皇は、この憲法の定める国事に関する行為のみを行ひ、国政に関する権能を有しない。
2　天皇は、法律の定めるところにより、その国事に関する行為を委任することができる。
〔摂政〕
第5条　皇室典範の定めるところにより摂政を置くときは、摂政は、天皇の名でその

国事に関する行為を行ふ。この場合には、前条第一項の規定を準用する。

〔天皇の任命行為〕

第6条 天皇は、国会の指名に基いて、内閣総理大臣を任命する。

2 天皇は、内閣の指名に基いて、最高裁判所の長たる裁判官を任命する。

〔天皇の国事行為〕

第7条 天皇は、内閣の助言と承認により、国民のために、左の国事に関する行為を行ふ。

一 憲法改正、法律、政令及び条約を公布すること。

二 国会を召集すること。

三 衆議院を解散すること。

四 国会議員の総選挙の施行を公示すること。

五 国務大臣及び法律の定めるその他の官吏の任免並びに全権委任状及び大使及び公使の信任状を認証すること。

六 大赦、特赦、減刑、刑の執行の免除及び復権を認証すること。

七 栄典を授与すること。

八 批准書及び法律の定めるその他の外交文書を認証すること。

九 外国の大使及び公使を接受すること。

十 儀式を行ふこと。

〔財産授受の制限〕

第8条 皇室に財産を譲り渡し、又は皇室が、財産を譲り受け、若しくは賜与することは、国会の議決に基かなければならない。

第2章　戦争の放棄

〔戦争の放棄と戦力及び交戦権の否認〕

第9条 日本国民は、正義と秩序を基調とする国際平和を誠実に希求し、国権の発動たる戦争と、武力による威嚇又は武力の行使は、国際紛争を解決する手段としては、永久にこれを放棄する。

2 前項の目的を達するため、陸海空軍その他の戦力は、これを保持しない。国の交戦権は、これを認めない。

第3章　国民の権利及び義務

〔国民たる要件〕

第10条 日本国民たる要件は、法律でこれを定める。

〔基本的人権〕

第11条 国民は、すべての基本的人権の享有を妨げられない。この憲法が国民に保障する基本的人権は、侵すことのできない永久の権利として、現在及び将来の国民に与へられる。

〔自由及び権利の保持義務と公共福祉性〕

第12条　この憲法が国民に保障する自由及び権利は、国民の不断の努力によつて、これを保持しなければならない。又、国民は、これを濫用してはならないのであつて、常に公共の福祉のためにこれを利用する責任を負ふ。

〔個人の尊重と公共の福祉〕

第13条　すべて国民は、個人として尊重される。生命、自由及び幸福追求に対する国民の権利については、公共の福祉に反しない限り、立法その他の国政の上で、最大の尊重を必要とする。

〔平等原則、貴族制度の否認及び栄典の限界〕

第14条　すべて国民は、法の下に平等であつて、人種、信条、性別、社会的身分又は門地により、政治的、経済的又は社会的関係において、差別されない。

2　華族その他の貴族の制度は、これを認めない。

3　栄誉、勲章その他の栄典の授与は、いかなる特権も伴はない。栄典の授与は、現にこれを有し、又は将来これを受ける者の一代に限り、その効力を有する。

〔公務員の選定罷免権、公務員の本質、普通選挙の保障及び投票秘密の保障〕

第15条　公務員を選定し、及びこれを罷免することは、国民固有の権利である。

2　すべて公務員は、全体の奉仕者であつて、一部の奉仕者ではない。

3　公務員の選挙については、成年者による普通選挙を保障する。

4　すべて選挙における投票の秘密は、これを侵してはならない。選挙人は、その選択に関し公的にも私的にも責任を問はれない。

〔請願権〕

第16条　何人も、損害の救済、公務員の罷免、法律、命令又は規則の制定、廃止又は改正その他の事項に関し、平穏に請願する権利を有し、何人も、かかる請願をしたためにいかなる差別待遇も受けない。

〔公務員の不法行為による損害の賠償〕

第17条　何人も、公務員の不法行為により、損害を受けたときは、法律の定めるところにより、国又は公共団体に、その賠償を求めることができる。

〔奴隷的拘束及び苦役の禁止〕

第18条　何人も、いかなる奴隷的拘束も受けない。又、犯罪に因る処罰の場合を除いては、その意に反する苦役に服させられない。

〔思想及び良心の自由〕

第19条　思想及び良心の自由は、これを侵してはならない。

〔信教の自由〕

第20条　信教の自由は、何人に対してもこれを保障する。いかなる宗教団体も、国から特権を受け、又は政治上の権力を行使してはならない。

2　何人も、宗教上の行為、祝典、儀式又は行事に参加することを強制されない。

3　国及びその機関は、宗教教育その他いかなる宗教的活動もしてはならない。

〔集会、結社及び表現の自由と通信秘密の保護〕

第21条 集会、結社及び言論、出版その他一切の表現の自由は、これを保障する。

2 検閲は、これをしてはならない。通信の秘密は、これを侵してはならない。

〔居住、移転、職業選択、外国移住及び国籍離脱の自由〕

第22条 何人も、公共の福祉に反しない限り、居住、移転及び職業選択の自由を有する。

2 何人も、外国に移住し、又は国籍を離脱する自由を侵されない。

〔学問の自由〕

第23条 学問の自由は、これを保障する。

〔家族関係における個人の尊厳と両性の平等〕

第24条 婚姻は、両性の合意のみに基いて成立し、夫婦が同等の権利を有することを基本として、相互の協力により、維持されなければならない。

2 配偶者の選択、財産権、相続、住居の選定、離婚並びに婚姻及び家族に関するその他の事項に関しては、法律は、個人の尊厳と両性の本質的平等に立脚して、制定されなければならない。

〔生存権及び国民生活の社会的進歩向上に努める国の義務〕

第25条 すべて国民は、健康で文化的な最低限度の生活を営む権利を有する。

2 国は、すべての生活部面について、社会福祉、社会保障及び公衆衛生の向上及び増進に努めなければならない。

〔教育を受ける権利と受けさせる義務〕

第26条 すべて国民は、法律の定めるところにより、その能力に応じて、ひとしく教育を受ける権利を有する。

2 すべて国民は、法律の定めるところにより、その保護する子女に普通教育を受けさせる義務を負ふ。義務教育は、これを無償とする。

〔勤労の権利と義務、勤労条件の基準及び児童酷使の禁止〕

第27条 すべて国民は、勤労の権利を有し、義務を負ふ。

2 賃金、就業時間、休息その他の勤労条件に関する基準は、法律でこれを定める。

3 児童は、これを酷使してはならない。

〔勤労者の団結権及び団体行動権〕

第28条 勤労者の団結する権利及び団体交渉その他の団体行動をする権利は、これを保障する。

〔財産権〕

第29条 財産権は、これを侵してはならない。

2 財産権の内容は、公共の福祉に適合するやうに、法律でこれを定める。

3 私有財産は、正当な補償の下に、これを公共のために用ひることができる。

〔納税の義務〕

第30条 国民は、法律の定めるところにより、納税の義務を負ふ。

〔生命及び自由の保障と科刑の制約〕
第31条　何人も、法律の定める手続によらなければ、その生命若しくは自由を奪はれ、又はその他の刑罰を科せられない。
〔裁判を受ける権利〕
第32条　何人も、裁判所において裁判を受ける権利を奪はれない。
〔逮捕の制約〕
第33条　何人も、現行犯として逮捕される場合を除いては、権限を有する司法官憲が発し、且つ理由となつてゐる犯罪を明示する令状によらなければ、逮捕されない。
〔抑留及び拘禁の制約〕
第34条　何人も、理由を直ちに告げられ、且つ、直ちに弁護人に依頼する権利を与へられなければ、抑留又は拘禁されない。又、何人も、正当な理由がなければ、拘禁されず、要求があれば、その理由は、直ちに本人及びその弁護人の出席する公開の法廷で示されなければならない。
〔侵入、捜索及び押収の制約〕
第35条　何人も、その住居、書類及び所持品について、侵入、捜索及び押収を受けることのない権利は、第三十三条の場合を除いては、正当な理由に基いて発せられ、且つ捜索する場所及び押収する物を明示する令状がなければ、侵されない。
2　捜索又は押収は、権限を有する司法官憲が発する各別の令状により、これを行ふ。
〔拷問及び残虐な刑罰の禁止〕
第36条　公務員による拷問及び残虐な刑罰は、絶対にこれを禁ずる。
〔刑事被告人の権利〕
第37条　すべて刑事事件においては、被告人は、公平な裁判所の迅速な公開裁判を受ける権利を有する。
2　刑事被告人は、すべての証人に対して審問する機会を充分に与へられ、又、公費で自己のために強制的手続により証人を求める権利を有する。
3　刑事被告人は、いかなる場合にも、資格を有する弁護人を依頼することができる。被告人が自らこれを依頼することができないときは、国でこれを附する。
〔自白強要の禁止と自白の証拠能力の限界〕
第38条　何人も、自己に不利益な供述を強要されない。
2　強制、拷問若しくは脅迫による自白又は不当に長く抑留若しくは拘禁された後の自白は、これを証拠とすることができない。
3　何人も、自己に不利益な唯一の証拠が本人の自白である場合には、有罪とされ、又は刑罰を科せられない。
〔遡及処罰、二重処罰等の禁止〕
第39条　何人も、実行の時に適法であつた行為又は既に無罪とされた行為については、刑事上の責任を問はれない。又、同一の犯罪について、重ねて刑事上の責任を問はれない。

〔刑事補償〕

第40条 何人も、抑留又は拘禁された後、無罪の裁判を受けたときは、法律の定める
ところにより、国にその補償を求めることができる。

第4章　国会

〔国会の地位〕

第41条 国会は、国権の最高機関であつて、国の唯一の立法機関である。

〔二院制〕

第42条 国会は、衆議院及び参議院の両議院でこれを構成する。

〔両議院の組織〕

第43条 両議院は、全国民を代表する選挙された議員でこれを組織する。

2　両議院の議員の定数は、法律でこれを定める。

〔議員及び選挙人の資格〕

第44条 両議院の議員及びその選挙人の資格は、法律でこれを定める。但し、人種、
信条、性別、社会的身分、門地、教育、財産又は収入によつて差別してはならない。

〔衆議院議員の任期〕

第45条 衆議院議員の任期は、4年とする。但し、衆議院解散の場合には、その期間
満了前に終了する。

〔参議院議員の任期〕

第46条 参議院議員の任期は、6年とし、3年ごとに議員の半数を改選する。

〔議員の選挙〕

第47条 選挙区、投票の方法その他両議院の議員の選挙に関する事項は、法律でこれ
を定める。

〔両議院議員相互兼職の禁止〕

第48条 何人も、同時に両議院の議員たることはできない。

〔議員の歳費〕

第49条 両議院の議員は、法律の定めるところにより、国庫から相当額の歳費を受け
る。

〔議員の不逮捕特権〕

第50条 両議院の議員は、法律の定める場合を除いては、国会の会期中逮捕されず、
会期前に逮捕された議員は、その議院の要求があれば、会期中これを釈放しなけれ
ばならない。

〔議員の発言表決の無答責〕

第51条 両議院の議員は、議院で行つた演説、討論又は表決について、院外で責任を
問はれない。

〔常会〕

第52条 国会の常会は、毎年1回これを召集する。

〔臨時会〕

第53条 内閣は、国会の臨時会の召集を決定することができる。いづれかの議院の総議員の４分の１以上の要求があれば、内閣は、その召集を決定しなければならない。

〔総選挙、特別会及び緊急集会〕

第54条 衆議院が解散されたときは、解散の日から40日以内に、衆議院議員の総選挙を行ひ、その選挙の日から30日以内に、国会を召集しなければならない。

２　衆議院が解散されたときは、参議院は、同時に閉会となる。但し、内閣は、国に緊急の必要があるときは、参議院の緊急集会を求めることができる。

３　前項但書の緊急集会において採られた措置は、臨時のものであつて、次の国会開会の後10日以内に、衆議院の同意がない場合には、その効力を失ふ。

〔資格争訟〕

第55条 両議院は、各々その議員の資格に関する争訟を裁判する。但し、議員の議席を失はせるには、出席議員の３分の２以上の多数による議決を必要とする。

〔議事の定足数と過半数議決〕

第56条 両議院は、各々その総議員の三分の一以上の出席がなければ、議事を開き議決することができない。

２　両議院の議事は、この憲法に特別の定のある場合を除いては、出席議員の過半数でこれを決し、可否同数のときは、議長の決するところによる。

〔会議の公開と会議録〕

第57条 両議院の会議は、公開とする。但し、出席議員の３分の２以上の多数で議決したときは、秘密会を開くことができる。

２　両議院は、各々その会議の記録を保存し、秘密会の記録の中で特に秘密を要すると認められるもの以外は、これを公表し、且つ一般に頒布しなければならない。

３　出席議員の５分の１以上の要求があれば、各議員の表決は、これを会議録に記載しなければならない。

〔役員の選任及び議院の自律権〕

第58条 両議院は、各々その議長その他の役員を選任する。

２　両議院は、各々その会議その他の手続及び内部の規律に関する規則を定め、又、院内の秩序をみだした議員を懲罰することができる。但し、議員を除名するには、出席議員の３分の２以上の多数による議決を必要とする。

〔法律の成立〕

第59条 法律案は、この憲法に特別の定のある場合を除いては、両議院で可決したとき法律となる。

２　衆議院で可決し、参議院でこれと異なつた議決をした法律案は、衆議院で出席議員の３分の２以上の多数で再び可決したときは、法律となる。

３　前項の規定は、法律の定めるところにより、衆議院が、両議院の協議会を開くことを求めることを妨げない。

4 　参議院が、衆議院の可決した法律案を受け取つた後、国会休会中の期間を除いて60日以内に、議決しないときは、衆議院は、参議院がその法律案を否決したものとみなすことができる。

〔衆議院の予算先議権及び予算の議決〕

第60条　予算は、さきに衆議院に提出しなければならない。

2 　予算について、参議院で衆議院と異なつた議決をした場合に、法律の定めるところにより、両議院の協議会を開いても意見が一致しないとき、又は参議院が、衆議院の可決した予算を受け取つた後、国会休会中の期間を除いて30日以内に、議決しないときは、衆議院の議決を国会の議決とする。

〔条約締結の承認〕

第61条　条約の締結に必要な国会の承認については、前条第2項の規定を準用する。

〔議院の国政調査権〕

第62条　両議院は、各々国政に関する調査を行ひ、これに関して、証人の出頭及び証言並びに記録の提出を要求することができる。

〔国務大臣の出席〕

第63条　内閣総理大臣その他の国務大臣は、両議院の一に議席を有すると有しないとにかかはらず、何時でも議案について発言するため議院に出席することができる。又、答弁又は説明のため出席を求められたときは、出席しなければならない。

〔弾劾裁判所〕

第64条　国会は、罷免の訴追を受けた裁判官を裁判するため、両議院の議員で組織する弾劾裁判所を設ける。

2 　弾劾に関する事項は、法律でこれを定める。

第5章　内閣

〔行政権の帰属〕

第65条　行政権は、内閣に属する。

〔内閣の組織と責任〕

第66条　内閣は、法律の定めるところにより、その首長たる内閣総理大臣及びその他の国務大臣でこれを組織する。

2 　内閣総理大臣その他の国務大臣は、文民でなければならない。

3 　内閣は、行政権の行使について、国会に対し連帯して責任を負ふ。

〔内閣総理大臣の指名〕

第67条　内閣総理大臣は、国会議員の中から国会の議決で、これを指名する。この指名は、他のすべての案件に先だつて、これを行ふ。

2 　衆議院と参議院とが異なつた指名の議決をした場合に、法律の定めるところにより、両議院の協議会を開いても意見が一致しないとき、又は衆議院が指名の議決をした後、国会休会中の期間を除いて10日以内に、参議院が、指名の議決をしないと

きは、衆議院の議決を国会の議決とする。

〔国務大臣の任免〕

第68条　内閣総理大臣は、国務大臣を任命する。但し、その過半数は、国会議員の中から選ばれなければならない。

2　内閣総理大臣は、任意に国務大臣を罷免することができる。

〔不信任決議と解散又は総辞職〕

第69条　内閣は、衆議院で不信任の決議案を可決し、又は信任の決議案を否決したときは、10日以内に衆議院が解散されない限り、総辞職をしなければならない。

〔内閣総理大臣の欠缺又は総選挙施行による総辞職〕

第70条　内閣総理大臣が欠けたとき、又は衆議院議員総選挙の後に初めて国会の召集があつたときは、内閣は、総辞職をしなければならない。

〔総辞職後の職務続行〕

第71条　前2条の場合には、内閣は、あらたに内閣総理大臣が任命されるまで引き続きその職務を行ふ。

〔内閣総理大臣の職務権限〕

第72条　内閣総理大臣は、内閣を代表して議案を国会に提出し、一般国務及び外交関係について国会に報告し、並びに行政各部を指揮監督する。

〔内閣の職務権限〕

第73条　内閣は、他の一般行政事務の外、左の事務を行ふ。

一　法律を誠実に執行し、国務を総理すること。

二　外交関係を処理すること。

三　条約を締結すること。但し、事前に、時宜によつては事後に、国会の承認を経ることを必要とする。

四　法律の定める基準に従ひ、官吏に関する事務を掌理すること。

五　予算を作成して国会に提出すること。

六　この憲法及び法律の規定を実施するために、政令を制定すること。但し、政令には、特にその法律の委任がある場合を除いては、罰則を設けることができない。

七　大赦、特赦、減刑、刑の執行の免除及び復権を決定すること。

〔法律及び政令への署名と連署〕

第74条　法律及び政令には、すべて主任の国務大臣が署名し、内閣総理大臣が連署することを必要とする。

〔国務大臣訴追の制約〕

第75条　国務大臣は、その在任中、内閣総理大臣の同意がなければ、訴追されない。但し、これがため、訴追の権利は、害されない。

第6章　司法

〔司法権の機関と裁判官の職務上の独立〕

第76条　すべて司法権は、最高裁判所及び法律の定めるところにより設置する下級裁判所に属する。

2　特別裁判所は、これを設置することができない。行政機関は、終審として裁判を行ふことができない。

3　すべて裁判官は、その良心に従ひ独立してその職権を行ひ、この憲法及び法律にのみ拘束される。

〔最高裁判所の規則制定権〕

第77条　最高裁判所は、訴訟に関する手続、弁護士、裁判所の内部規律及び司法事務処理に関する事項について、規則を定める権限を有する。

2　検察官は、最高裁判所の定める規則に従はなければならない。

3　最高裁判所は、下級裁判所に関する規則を定める権限を、下級裁判所に委任することができる。

〔裁判官の身分の保障〕

第78条　裁判官は、裁判により、心身の故障のために職務を執ることができないと決定された場合を除いては、公の弾劾によらなければ罷免されない。裁判官の懲戒処分は、行政機関がこれを行ふことはできない。

〔最高裁判所の構成及び裁判官任命の国民審査〕

第79条　最高裁判所は、その長たる裁判官及び法律の定める員数のその他の裁判官でこれを構成し、その長たる裁判官以外の裁判官は、内閣でこれを任命する。

2　最高裁判所の裁判官の任命は、その任命後初めて行はれる衆議院議員総選挙の際国民の審査に付し、その後十年を経過した後初めて行はれる衆議院議員総選挙の際更に審査に付し、その後も同様とする。

3　前項の場合において、投票者の多数が裁判官の罷免を可とするときは、その裁判官は、罷免される。

4　審査に関する事項は、法律でこれを定める。

5　最高裁判所の裁判官は、法律の定める年齢に達した時に退官する。

6　最高裁判所の裁判官は、すべて定期に相当額の報酬を受ける。この報酬は、在任中、これを減額することができない。

〔下級裁判所の裁判官〕

第80条　下級裁判所の裁判官は、最高裁判所の指名した者の名簿によつて、内閣でこれを任命する。その裁判官は、任期を十年とし、再任されることができる。但し、法律の定める年齢に達した時には退官する。

2　下級裁判所の裁判官は、すべて定期に相当額の報酬を受ける。この報酬は、在任中、これを減額することができない。

〔最高裁判所の法令審査権〕

第81条　最高裁判所は、一切の法律、命令、規則又は処分が憲法に適合するかしないかを決定する権限を有する終審裁判所である。

〔対審及び判決の公開〕

第82条　裁判の対審及び判決は、公開法廷でこれを行ふ。

2　裁判所が、裁判官の全員一致で、公の秩序又は善良の風俗を害する虞があると決した場合には、対審は、公開しないでこれを行ふことができる。但し、政治犯罪、出版に関する犯罪又はこの憲法第3章で保障する国民の権利が問題となつてゐる事件の対審は、常にこれを公開しなければならない。

第7章　財政

〔財政処理の要件〕

第83条　国の財政を処理する権限は、国会の議決に基いて、これを行使しなければならない。

〔課税の要件〕

第84条　あらたに租税を課し、又は現行の租税を変更するには、法律又は法律の定める条件によることを必要とする。

〔国費支出及び債務負担の要件〕

第85条　国費を支出し、又は国が債務を負担するには、国会の議決に基くことを必要とする。

〔予算の作成〕

第86条　内閣は、毎会計年度の予算を作成し、国会に提出して、その審議を受け議決を経なければならない。

〔予備費〕

第87条　予見し難い予算の不足に充てるため、国会の議決に基いて予備費を設け、内閣の責任でこれを支出することができる。

2　すべて予備費の支出については、内閣は、事後に国会の承諾を得なければならない。

〔皇室財産及び皇室費用〕

第88条　すべて皇室財産は、国に属する。すべて皇室の費用は、予算に計上して国会の議決を経なければならない。

〔公の財産の用途制限〕

第89条　公金その他の公の財産は、宗教上の組織若しくは団体の使用、便益若しくは維持のため、又は公の支配に属しない慈善、教育若しくは博愛の事業に対し、これを支出し、又はその利用に供してはならない。

〔会計検査〕

第90条　国の収入支出の決算は、すべて毎年会計検査院がこれを検査し、内閣は、次の年度に、その検査報告とともに、これを国会に提出しなければならない。

2　会計検査院の組織及び権限は、法律でこれを定める。

〔財政状況の報告〕

第91条　内閣は、国会及び国民に対し、定期に、少くとも毎年一回、国の財政状況について報告しなければならない。

第8章　地方自治

〔地方自治の本旨の確保〕
第92条　地方公共団体の組織及び運営に関する事項は、地方自治の本旨に基いて、法律でこれを定める。
〔地方公共団体の機関〕
第93条　地方公共団体には、法律の定めるところにより、その議事機関として議会を設置する。
2　地方公共団体の長、その議会の議員及び法律の定めるその他の吏員は、その地方公共団体の住民が、直接これを選挙する。
〔地方公共団体の権能〕
第94条　地方公共団体は、その財産を管理し、事務を処理し、及び行政を執行する権能を有し、法律の範囲内で条例を制定することができる。
〔一の地方公共団体のみに適用される特別法〕
第95条　一の地方公共団体のみに適用される特別法は、法律の定めるところにより、その地方公共団体の住民の投票においてその過半数の同意を得なければ、国会は、これを制定することができない。

第9章　改正

〔憲法改正の発議、国民投票及び公布〕
第96条　この憲法の改正は、各議院の総議員の3分の2以上の賛成で、国会が、これを発議し、国民に提案してその承認を経なければならない。この承認には、特別の国民投票又は国会の定める選挙の際行はれる投票において、その過半数の賛成を必要とする。
2　憲法改正について前項の承認を経たときは、天皇は、国民の名で、この憲法と一体を成すものとして、直ちにこれを公布する。

第10章　最高法規

〔基本的人権の由来特質〕
第97条　この憲法が日本国民に保障する基本的人権は、人類の多年にわたる自由獲得の努力の成果であつて、これらの権利は、過去幾多の試錬に堪へ、現在及び将来の国民に対し、侵すことのできない永久の権利として信託されたものである。
〔憲法の最高性と条約及び国際法規の遵守〕
第98条　この憲法は、国の最高法規であつて、その条規に反する法律、命令、詔勅及び国務に関するその他の行為の全部又は一部は、その効力を有しない。

2　日本国が締結した条約及び確立された国際法規は、これを誠実に遵守することを必要とする。

〔憲法尊重擁護の義務〕

第99条　天皇又は摂政及び国務大臣、国会議員、裁判官その他の公務員は、この憲法を尊重し擁護する義務を負ふ。

第11章　補則

〔施行期日と施行前の準備行為〕

第100条　この憲法は、公布の日から起算して6箇月を経過した日から、これを施行する。

2　この憲法を施行するために必要な法律の制定、参議院議員の選挙及び国会召集の手続並びにこの憲法を施行するために必要な準備手続は、前項の期日よりも前に、これを行ふことができる。

〔参議院成立前の国会〕

第101条　この憲法施行の際、参議院がまだ成立してゐないときは、その成立するまでの間、衆議院は、国会としての権限を行ふ。

〔参議院議員の任期の経過的特例〕

第102条　この憲法による第一期の参議院議員のうち、その半数の者の任期は、これを3年とする。その議員は、法律の定めるところにより、これを定める。

〔公務員の地位に関する経過規定〕

第103条　この憲法施行の際現に在職する国務大臣、衆議院議員及び裁判官並びにその他の公務員で、その地位に相応する地位がこの憲法で認められてゐる者は、法律で特別の定をした場合を除いては、この憲法施行のため、当然にはその地位を失ふことはない。但し、この憲法によつて、後任者が選挙又は任命されたときは、当然その地位を失ふ。

【著者略歴】

大塚　正之（おおつか　まさゆき）

1952年生まれ。東京大学経済学部卒業。在学中、司法試験に合格。名古屋地方裁判所判事補、佐賀地方裁判所判事補、最高裁判所事務総局家庭局付、東京家庭裁判所判事補、大阪高等裁判所判事、横浜家庭裁判所判事、東京高等裁判所判事などを経て退官。早稲田大学大学院法務研究科教授を経て、現在、弁護士、筑波大学法科大学院非常勤講師、共創学会理事、場の研究所理事など。

〈主な著書〉

【単著】

『場所の哲学―存在と場所』（筆名：城戸雪照、文芸社、2003年）、『場所の哲学―近代法思想の限界を超えて』（晃洋書房、2013年）、『判例先例　渉外親族法』（日本加除出版、2014年）、『臨床実務家のための家族法コンメンタール民法親族編』（勁草書房、2016年）、『臨床実務家のための家族法コンメンタール民法相続編』（勁草書房、2017年）、『不貞行為に関する裁判例の分析』（日本加除出版、2022年）

【共著】

『家族法実務講義』（有斐閣、2013年）、『家事紛争解決プログラムの概要―家事調停の理論と技法』（司法協会、2014年）、『論点体系　判例民法〈第3版〉11』（第一法規、2019年）、『場と言語・コミュニケーション』（ひつじ書房、2022年）　など多数。

Q&Aで学ぶ憲法入門
〜初学者のための憲法講座〜

2023年11月10日　初版第1刷印刷
2023年11月20日　初版第1刷発行

著　者　大　塚　正　之

発行者　市　倉　　　泰

発行所　株式会社　恒春閣

〒114-0001　東京都北区東十条6-6-18
tel.03-6903-8563　fax.03-6903-8613
https://www.koshunkaku.co.jp

ISBN978-4-910899-08-4　　印刷／日本ハイコム株式会社
定価：1,980円（本体：1,800円）

〈検印省略〉
Koshunkaku Co., Ltd.
Printed in Japan

KOSHUNKAKU